# Vender.

!En los zapatos del **Cliente!**

**César Saddy**

Vender en los zapatos del cliente
© César Saddy
1ª edición en español: noviembre 2015
cesar.saddy@gmail.com

**Montaje de portada:**
Azael Marchán
**Diagramación:**
Oralia Hernández

Queda hecho el depósito de ley
Depósito legal (versión impresa) lf25220156581139
Depósito legal (versión digital) lfi25220156581140
ISBN (versión impresa) 978-980-12-7975-4
ISBN (versión digital) 978-980-12-7974-7

Derecho de autor: Registro nº 12665

# Dedicatoria

A Elba y a José, quienes me dieron la vida

Este libro también está dedicado a todos quienes me
ayudaron a lo largo de este proceso que duró más de
cinco años de escrituras, cambios y revisiones

También lo dedico a quienes crean,
trabajan, aportan y están en la lucha diaria
por el logro de un ideal noble

A todos ellos y a ti, dedico esta obra

# Contenido

**Reflexiones previas para mejorar tu desempeño en ventas**

**Cuando estés frente al cliente ¿Cómo debes proceder?**

**Qué hacer cuando el cliente dice ¡NO!
¿Cómo manejar las objeciones?**

**Principio clave para tu éxito: La postventa**

# Cuando Amazon cambió el mundo del retail

esde 1999, la clave del éxito en las ventas radica en la personalización de cada fase en la experiencia del cliente durante la compra del producto, solución o propuesta de ventas que se desee comercializar. Desde el primer ¡Hola! hasta la postventa el proceso tiene que ser un *Selfie* para el cliente. Antes se decía que el producto o servicio podía ser a la medida para ser potencialmente exitoso. Un clásico. Pero ahora el concepto se amplió. Desde 1999, Jeff Bezos, fundador y gerente general de Amazon.com cambió esa perspectiva Y ¿sabes? cambió el mundo del *retail* o venta de productos al menor.

## Jeff Bezos, fundador y gerente general de Amazon.com

"Lo fundamental en el futuro va a residir en la personalización. Hoy por hoy tenemos 6.2 millones de clientes. Vamos a confeccionarle a cada uno de ellos una tienda a su medida. Cuando usted entra en una librería tradicional, lo primero con lo que se topa es con los best-seller, aunque jamás compre un best-seller. Y es que las tiendas físicas están pensadas para responder a los deseos del mítico "consumidor medio". La verdad es que no tienen otra salida. No pueden reorganizar la tienda cada vez que un nuevo cliente llama a su puerta. En cambio, eso sí es posible en Internet".

(...y lo dijo en 1999)

Lo que sucedió es que antes de Amazon, era impensable desarrollar un proceso de ventas de productos, a distancia, casi de manera simultánea, para millones de personas, en distintas culturas, de forma masiva y que a su vez sea a la medida de cada cliente, de cada ser humano en particular, con sus necesidades, gustos y realidades personales. Era ilógico y contradictorio. En ese sentido, para muchos, antes de ese cambio de perspectiva en las ventas, el mundo era plano y el sol giraba alrededor de la tierra. No veían la posibilidad de personalizar a la medida, la venta a millones de clientes.

Para ese entonces, como ahora, había productos tanto genéricos, como hechos a la medida -*retail* y *taylor made*- donde básicamente para el primero, el modelo del proceso de la venta frente al cliente era genérico y sin mayor valor agregado de cara al cliente, y en el segundo posiblemente un modelo un poco más elaborado. Ahora todos los actores en todas las industrias tienen que personalizar sus propuestas y sus procesos de ventas cada día más si quieren pensar en competir. Por cierto, después de Amazon, y copiando el concepto, llegaron el resto de las redes sociales, y así nacieron las redes de amigos, con los cumpleaños, me gusta o no me gusta, las nuevas formas de comunicarse rápidamente en pocos caracteres y hasta leer en imágenes. Personalizaron sus conceptos de propuestas valor calzando los zapatos del cliente y así tuvieron éxito.

### Reajustar todo el proceso en «modo cliente»

A partir de esa visión -*personalizar la experiencia de compra para cada segmento de clientes, en todo tipo de negocios, países e industrias y distancias, haciendo de esta afinación una propuesta de valor superior al mercado tanto en la preventa, venta y postventa*- el cliente exige que se desarrollen a su medida todos los componentes y fases del proceso del contacto con él para ganar su aceptación. Desde entonces personalizar el proceso de ventas implicó –*y aún implica*- para todas las empresas y personas competitivas, redefinir contantemente sus esquemas, estrategias y propuestas de negocios para adecuarse a cada tipo de cliente, e inclusive no dudan en hacer de la redefinición de sus estructuras humanas en las áreas comerciales un hecho común y periódico para centrarse cada vez más en el cliente durante todo el ciclo de la comercialización, a saber:

- El proceso de planificación de venta o preventa,
- El proceso de venta frente al cliente o a distancia, y
- El proceso de postventa.

El modelo de negocios de Amazon impactó en todo el mundo y obligó a los actores comerciales a actuar y repensar para mejorar sus procesos de ventas a la medida de cada segmento y tipo de cliente en sus carteras. Por si fuera poco, todos al mismo tiempo ¡Vaya cambio!

Después de este suceso, para el cliente de hoy día –*exigente, con múltiples opciones de satisfacción a solo un botón de distancia, y con millones de proveedores listos para desplazarte*- no hay cabida para "un tipo de café para todos".

Quien desee marcar la diferencia en ventas, habrá de tener este concepto muy claro para aplicarlo cada día a todos sus tipos de clientes, y hacer de la personalización una filosofía de vida. Esto se logra calzando los zapatos de cada cliente que esté al frente o a distancia.

Sin embargo, siglos atrás, un amigo ya te daba
la fórmula del éxito para comenzar a personalizar
tu propuesta de ventas frente a cada cliente…

"…Lo importante no es escuchar
lo que se dice,
sino averiguar lo que se piensa…"

**Don Juan Francisco María Donoso
Cortés y Fernández Canedo
Primer Marqués de Valdegamas 1809 – 1853.
Diplomático, reformista y
ensayista español**

# ¿Qué significa vender en los zapatos del cliente?

¿ Quieres vender más, más rápido, y que los clientes te llamen constantemente? ¿Quieres que tus ingresos se multipliquen? Si eres nuevo en este terreno, ¿quieres saber técnicas de inmediata aplicación para tener éxito? Si eres responsable de un equipo de ventas, seguramente te observas a ti mismo como un director de orquesta en la cual todos tus músicos «deberían» ofrecer un desempeño óptimo, con pasión, y lucirse en una armonía perfecta. Sin desentonos. Pero… ¿Así funcionan?

En ventas nadie vive del aplauso del cliente; no se vive de las ganas de ser excelente, de buenas intenciones, de la magnífica impresión causada en la visita, del «déjame tu tarjeta» o del «yo te llamo». Nada de eso factura o pone dinero en tu bolsillo; por esa razón, sabiendo que la calle está difícil y que los competidores están dando la batalla, todos aquellos quienes estamos en el mundo de las ventas, desde nuestras distintas posiciones, debemos revisar constantemente qué hay de nuevo en esta industria para vender más, más rápido y con mayor frecuencia. Afortunadamente existen buenas noticias en este sentido.

**Mutación y transformación**

Cuando se analiza por qué en escenarios competitivos y/o de crisis económicas hay personas que cierran ventas continuamente, mientras que para otras esta tarea se les dificulta, se puede observar que la clave del éxito de quienes venden constantemente en todas las circunstancias radica en su capacidad de mutación y transformación. Quienes más cierran ventas tratan de parecerse más al cliente y siempre logran calzar sus zapatos para entenderlo. El resto, los vendedores *tomapedidos* y los asesores de productos, siempre están en desventaja contra los primeros.

Estar en los zapatos del cliente es "ser" el cliente. Significa adentrarse en su mente y ver desde su perspectiva su marco de necesidades relacionadas con tu área de trabajo o servicio. Significa estar a la velocidad que requiere el cliente, anticiparse a sus necesidades y prever sus riesgos. También significa tratarlo con amor y respeto.

En este libro aprenderás, de forma sencilla, que para cerrar ventas, facturar más y aumentar tus ganancias de manera rápida, dentro de un marco ético, tienes que desechar la postura del vendedor tradicional centrado en el producto; quien cual catálogo andante, únicamente se limita a tomar pedidos y los tramita. En estas páginas se te presentarán casos, mecanismos y técnicas de inmediata aplicación para que puedas lograr tus metas en ventas y superarlas, pero con una diferencia: lo harás centrado en el cliente y no en el producto. De esto trata esta obra: verás cómo puedes aumentar tus ganancias en ventas solamente con un cambio de perspectiva.

**Actualmente ¿Cómo trabajan los #1 en ventas?**

Solo ten presente que estos *número uno* en ventas, en todo el mundo, son capaces de ver el mundo desde los ojos del cliente. En cada contacto, en cada oportunidad, en cada visita a sus diversos clientes actuales y potenciales hacen el mejor esfuerzo por meterse en la piel del consumidor, a tal punto de «sentir» su preocupación, y se la llevan a casa, oficina o almacén, hasta entender qué le ocurre al cliente, cómo funciona su razonamiento; viéndolo todo desde el mundo del cliente, no desde los zapatos propios. Son curiosos y no descansan hasta idear cómo pueden ofrecer una solución realmente exitosa.

El éxito de estos ganadores radica en la postura mental que asumen en todo el proceso de acción desde el primer contacto hasta la presentación de las soluciones, productos o servicios. Ellos son y piensan como el cliente. Ellos consideran incluso cómo el cliente va a recibir e interpretar la propuesta a ofrecer. Nada lo dejan al azar.

Con sus visualizaciones y proyección de resultados generan «música agradable» para los oídos del cliente siempre bajo un marco ético y sin engaños. Ellos son hábiles para describir el futuro que el cliente quiere escuchar y necesita lograr. De tanto pensar en el cliente y tratar de entender cómo éste razona y reacciona, logran hallar finalmente los conceptos, ejemplos, palabras y argumentos con los cuales el cliente se logrará identificar. Así venden y logran consolidar una sana cartera de clientes para siempre. Recuerda: los ganadores son y piensan como el cliente, y si tú piensas como tu cliente, también puedes lograr niveles muy altos en ventas.

...Si el cliente se identifica contigo tras tu esfuerzo de mutación y cambio de postura, te habrás convertido en su persona de confianza y en su asesor para siempre...

## Quítate los zapatos del vendedor tomapedidos...

Desecha los zapatos del vendedor tomapedidos para no usarlos más. El cliente ya no quiere eso. Existe un personaje que va más allá de tomar y tramitar los pedidos. Se trata del asesor del producto. Este es el impulsador de un servicio o producto que solamente le explica al cliente las características técnicas y novedades del bien o servicio a ofrecer.

Si ya lo hiciste, te quitaste los zapatos del vendedor tomapedidos, te pusiste los zapatos de asesor de productos y te gusta explicar sus cualidades, en un acto en el cual te luces, porque eres algo más técnico, experimentado o conocedor en tu área profesional que tu cliente, y te gusta ser admirado por actuar ese papel de «escucha todo lo que yo sé», te invito a que también te quites esos zapatos de asesor de productos, con el cual te sientes muy cómodo y orgulloso.

## Quítate todos tus zapatos y calza los zapatos del cliente

Olvídate del éxito pasado y de los premios que hayas podido ganar en ventas o servicios profesionales. Tu historia del éxito en ventas se reescribe en cada cliente nuevo, cada visita, cada licitación o contacto. Tú no eres el importante. Tu discurso técnico no es importante. Tus conocimientos no son importantes. Tu gran experiencia de éxitos en otras personas o empresas son parte de un pasado transparente, irrelevante y tus conocimientos valen «cero» si el cliente no logra vincular tus servicios o productos a su éxito.

El cliente debe generar en su mente la relación «tu producto es mi solución». Ese vínculo es la luz que dará paso al contrato, a la firma que tanto deseas, al cierre de la venta. Si no hay vínculo... no hay venta. Con este libro aprenderás a materializar ese vínculo.

Tú podrías pensar: «Bueno, si le hablo de mi producto y le describo sus bondades, él entenderá y vinculará su necesidad con mi oferta. Por ello va a comprar».

## Tú debes vincular

Luego de escuchar un discurso técnico los clientes, por sí solos, no relacionarán tu producto con la solución a su necesidad; así no vas a vender. No continúes en ese camino. Por eso podrías pasar horas hablando con el cliente de las cualidades técnicas de tus artículos, o podrías estar frente a muchos potenciales clientes día tras día sin resultados positivos. ¿Te ha sucedido?

## Si quieres algo de alguien...

Si tú quieres algo de alguien, piensa como ese alguien y desarrolla las conclusiones que esa persona generaría, pero desde su mundo, no desde el tuyo, y para que esté contigo hasta aprobar la propuesta o comprar tu bien o servicio, hazle saber que estás en sus zapatos en ese momento, le entiendes perfectamente, hablas su idioma y manejas sus códigos. Comunícate con sus palabras y experiencias; utiliza su verbo y expectativas.

## Tus dos posibilidades de éxito

Imagínate que vendes celulares y teléfonos inteligentes; alguien llega a tu tienda y quiere comprar un aparato; ahí tú tienes dos posibilidades de éxito en la venta: la primera es cuando al llegar le hablas de las características técnicas del dispositivo y, centrado en el producto, le ofreces datos cuantitativos sobre la generación tecnológica, la pantalla y las megas. El cliente común escuchará tantos datos técnicos que quizá lo confunda, no comprenda tu discurso técnico pues le recuerda a un libro de matemáticas y no logrará tomar de forma rápida una decisión a tu favor porque tus palabras no habrán entrado en él. Por sí mismo, tu cliente no pudo razonar cómo tanto mega podrá ayudarle. Aunque quiera, no tiene ni los conocimientos ni la experiencia para vincular tu discurso técnico a su necesidad.

Si te percatas de que la mayoría de tus clientes desconoce ese mundo técnico de megas y generaciones, un discurso científico no aportará casi nada al hecho de que el cliente compre rápido, salga de la tienda satisfecho y tú hayas facturado, lo cual es tu objetivo.

La segunda opción o posibilidad de éxito que posees es tomarte unos pocos minutos para conversar muy brevemente con tu cliente, obtener datos de su necesidad, experiencia, afinidad o rechazo con nuevas tecnologías u otros datos claves para poder reconocer cuál de tantos celulares, modelos, costos y ofertas será la opción más rentable, útil y cómoda. Al saber estos datos tú serás quién le describa cómo el uso de un determinado celular le solucionará la problemática que le aqueja. Tú hiciste el vínculo ante sus ojos, haciéndole ver cómo su marco de necesidades será un pasado, estará satisfecho y puede ser que su futuro en el ámbito de los productos o servicios que ofreces sea mejor. En esta segunda opción tienes más posibilidades de éxito pues trataste de entender no solo qué quiere sino por qué lo requiere.

Dejarás al azar tu venta si crees que el cliente, por sí mismo, se tomará el tiempo, la tarea, o posee la capacidad de vincular tu producto a su propia necesidad, y comprenda que tú eres la solución sin que te «conviertas» en el cliente, para comprender su realidad y razonar cómo visualiza tus servicios, y desde ahí explicarle cómo vas a ayudarle. Eso debes hacerlo tú.

Si dejas al azar la venta, y no haces que el cliente vincule tu producto a su necesidad, tal vez tu éxito en ventas será relativo, irregular o pasajero, pero en un mercado competitivo y saturado, o un mercado en el cual estás entrando, debes dar esa milla extra para entender a tu cliente y hacerle ver el vínculo de por qué su entorno de necesidades se verá resuelto contigo. Debes explicarle todo el proceso de solución, o tus esfuerzos por conseguir la cita, lograr que te atienda o vender cuando entra a la tienda serán en vano.

El valor de esta obra es que a lo largo de sus páginas sabrás cómo hacer para vincular ante los ojos del cliente, y bajo su perspectiva, la relación *producto-uso-solución* con técnicas de sencilla e inmediata aplicación, con lo cual la curva del éxito en tus ventas será más rápida y sólida.

## Si el cliente percibe que te has conectado con él

Si logras conectarte con el cliente y con tus expresiones, respuestas, posturas, silencios, ejemplos y comentarios le demuestras que «calzaste sus zapatos», y él entiende que efectivamente lo calzaste pues le hiciste ver que tú tienes la clave para generarle una solución; ya pasaste la barrera de asesor de productos y será solo entonces cuando él decidirá que tú serás quien habrá de ayudarle porque le hablaste en sus términos.

Si el cliente se identifica contigo tras tu esfuerzo de mutación y cambio de postura, te habrás convertido en su persona de confianza y en su asesor para siempre. Igualmente habrás cerrado esa venta. Ten presente que el acto de consumo o toma de decisión es emotiva; no es racional.

## Ese lazo se puede deshacer

El lazo que lograste hacer con tu cliente con tanto esfuerzo, podrías deshacerlo si lo engañas, si lo olvidas, si no haces lo que sabes que debes hacer con él, pero como siempre actuarás con rectitud; aún si cometes errores, él estará contigo. Las personas perdonan errores; no engaños. Más que un reflejo en su espejo, el cliente debe saber que tú eres él y se identificará contigo aún en momentos difíciles.

## ¿Estás dispuesto?

Ya tienes una idea de lo que te ofrecerá este tratado. Si te atreves, en una serie de 10 pasos vas a aprender a reconocer lo que quiere el cliente, vas a percibir lo que requiere más allá de sus palabras, podrás aprender por qué te va a escuchar, por qué va a acudir a ti, o por qué te permitirá que hables y entres en su mundo, y reconocer las variables que impactarán en su favorable decisión final. Podrás saber qué quiere escuchar y sabrás cómo decirlo, y así generarás música para sus oídos.

**Pero ten cuidado...**

Con lo que aprenderás aquí puedes ser el mejor aliado del cliente, un asesor que factura mucho pues ayuda a sus clientes; o también puedes ser un estafador de primera que aplica estas técnicas y recomendaciones para «enamorar» con silogismos y entimemas y trata de subsistir de comprador en comprador. Aquí te enseñaremos las técnicas para ganar; tu ética te señalará cómo usarlas.

# 10 Pasos
## ¿Cómo está estructurado este libro?

Aquí encontrarás una serie de 10 capítulos -*cada capítulo representa un paso*- con los cuales podrás migrar de aspirante a vendedor o de vendedor tradicional a ser un excelente aliado del cliente y lograr múltiples ventas cruzadas sobre la base de la generación de soluciones con las cuales se identifique.

**Paso a paso...**

El primero de estos pasos ofrecerá de una forma dinámica y sencilla elementos de auto análisis muy íntimos para reconocer las cualidades que debemos fortalecer como seres humanos para tener éxito en las ventas –*capacidad de ayuda, seguridad en ti mismo, capacidad de escuchar y hasta de tolerar a otros*- y por otra parte ofrecerá elementos que deben reconocidos para su eliminación –*mitos, miedos, creencias, intolerancias a la gente y percepción de baja heteroestima*- a fin de generar éxito en las ventas. La clave de este capítulo es reconocer los elementos que debes afinar para empoderarte como persona que va a tener contacto con terceros y muchas satisfacciones en el campo de las ventas centradas en el cliente. En ocasiones son nuestras creencias sobre nosotros mismos las que nos limitan o nos impulsan al éxito. Conocerse a sí mismo es clave.

Es importante tener en cuenta que no todos los compradores de lo que vendes son tus clientes potenciales. Por ello, seguidamente, en el paso 2, se ofrecerá información que te ayudará a reconocer con cuál cliente serás verdaderamente exitoso en las ventas, para evitarte pérdidas de tiempo, dinero y esfuerzos con aquellos clientes que no te serán rentables para crecer tanto económica como profesionalmente. Si sabes reconocer a tu cliente objetivo, tu éxito en ventas será más rápido.

En el tercer paso trataremos acerca de la importancia de conocer los productos a comercializar y observarás errores y situaciones típicas de este desconocimiento en situaciones de esta naturaleza típicas frente al cliente. Por cierto ¿Qué sucede si alguien no conoce todas las potencialidades y alcances de sus productos o servicios? ¿Qué sucede si no conoce los beneficios de los productos de la competencia? ¿Conoces qué es un tomapedidos y cuál es su impacto en las ventas y en la organización? Aquí te explicaremos como el desconocimiento de los productos genera tomapedidos en la empresa con sus consecuencias en la baja facturación.

## Y finalmente 7 pasos para la acción frente al cliente

Los siguientes siete pasos serán técnicas de acción comercial de inmediata aplicación para personalizar tu acción y colocarte en «modo cliente» cuando ya estés frente al cliente y, por supuesto, factures más. Te presentaremos técnicas y modelos exitosos para trabajar las ventas centrado en el cliente y no en el producto, desde cómo:

- Presentarte ante el cliente,
- Crear una conexión emotiva y un clima de confianza,
- Reconocer sus necesidades,
- Generar soluciones a su medida…junto a él o ella,
- Presentar y promocionar tu propuesta de ventas,
- Superar las objeciones o negativas del cliente,
- Y por supuesto hacer que el cliente cierre la venta.

Todo esto, en los zapatos del cliente. En general reconocerás ¿Cómo quiere ser atendido «ese» cliente en particular a diferencia de los otros? ¿Cómo extraer y conocer del mismo cliente las características de la solución que pretendes comercializar? ¿Cómo reconocer con cuál frase el cliente comenzará a interesarse en tu propuesta? y cómo animar al cliente para que participe en todo este proceso.

Si bien es cierto que ganarás dinero con la parte técnica de estos últimos siete pasos, los tres primeros son una base muy importante para el análisis; por ello te recomiendo que no la pases de lado…al menos no tan rápido.

A lo largo de la lectura de esta obra, repensarás constantemente sobre tu posición con respecto a los puntos que aquí se tratan. Transitaremos desde temas personales que impactan en tu rendimiento como ser humano que trata de tener una cartera de clientes en ascenso, hasta los tópicos más técnicos que, frente al cliente, te servirán para facturar más.

El lenguaje y el estilo de redacción que encontrarás serán simples y sencillos, así que no esperes palabras rebuscadas con las cuales se podrá asombrar a terceros. Los ejemplos son muy cotidianos, así que posiblemente te identificarás con alguno de ellos. Sin embargo, las técnicas son muy novedosas y efectivas pues siempre combinaremos la relación mejores prácticas y sentido humano.

Antes de comenzar con el primer paso, recuerda que las mentes funcionan como los paracaídas: solo sirven cuando se abren. Así pues observemos estas palabras y experiencias como un mecanismo muy exitoso para saber que cualquier persona puede ser un asesor del cliente verdaderamente triunfador al adoptar una visión diferente y exitosa que va más allá de la clásica figura de colocador de artículos.

Bienvenido… ¿Estás listo para cambiar y ser más exitoso en ventas en los zapatos del cliente?

# Reflexiones previas para mejorar tu desempeño en ventas

## Paso 1: Conócete a ti mismo

> "Estudia tu proceder. Hasta que lo inconsciente no se haga consciente, el subconsciente seguirá dirigiendo tu vida y tú lo llamarás destino".
>
> **Carl Gustav Jung**

En reiteradas oportunidades hemos escuchado que un vendedor experto es capaz de venderle hielo incluso a un esquimal y puede que sea cierto –*hay también quienes se jactan de ello*–. La verdad es que este concepto tan famoso, pero atrevido por demás, pondría en tela de juicio la inteligencia de los esquimales, y tal vez enorgullezca a alguien que se dedique a las ventas momentáneas.

Lo cierto es que venderle hielo a un esquimal no tiene mucho mérito para quien desee establecer una cartera de clientes satisfechos de larga data, fundamentada en una relación basada en la confianza. ¿Se imaginan lo que pensó el pobre esquimal una vez que se dio cuenta de la compra tan absurda que llevó a cabo? ¿Cómo se sintió timado dentro de su iglú? ¿Cuál sería su opinión sobre el vendedor? Bueno, amigos, hasta allí llegó la relación cliente-proveedor de este famoso vendedor de hielo. Casi nunca se piensa en la segunda parte de esta frase, pero con seguridad sería algo como esta: «Un vendedor experto es capaz de venderle hielo a un esquimal y por supuesto que el esquimal no querrá verlo nunca más».

Esta primera reflexión es importante ya que muchos aspirantes a vendedores, millones de personas que están atraídas por el maravilloso mundo de las ventas en el ámbito mundial, se mantienen al margen de esta profesión por criterios y falsas creencias que parten precisamente de mitos como los del vendedor de hielo; aquel que indica que el vendedor hace que el cliente diga miles de veces «sí», o

...Un asesor puede trabajar en una gran corporación, cerrar grandes contratos, o también puede encontrarse en una pequeña tienda vendiendo artículos muy sencillos...

aquel que describe al vendedor como el individuo de mucho talento para el habla y la persuasión, etc.

Este mito del vendedor, como un ladino, es totalmente dañino y, como mito al fin, es incierto. Para vender no hay que ser un buen parlanchín; para vender es necesario ser inteligente y tener una enorme capacidad de analizar las necesidades del cliente con el objetivo de generarle soluciones a la medida y así ganar su confianza para siempre. Esto último tiene que ver con la honestidad y no con subterfugios aparentemente bien armados.

Es por esa razón que compararse con un hablador innato, no es el mejor punto de partida para saber si eres alguien capaz para dedicarse a las ventas. De allí que estos 10 pasos que se presentan comienzan con el conocimiento de ti mismo, lo cual implica derrumbar algunos mitos.

Pero la idea no es reconocerse a uno mismo para saber si se es o no apto para generar ventas a través del parloteo. La idea es que te reconozcas para saber si vas por buen camino para ser un excelente asesor, alguien quien centrado en el cliente genere salidas viables y satisfactorias a su problemática. Alguien a quien el cliente le dice: «Sí, acepto tu proposición», motivado porque observó una luz al final del túnel, y no como en el caso del parlanchín, dice: «Sí, acepto tu proposición», motivado a que le apagaron las luces en pleno túnel y el cliente no supo cuál era la mejor opción.

Entonces esto de conocerse a sí mismo, como se denomina este capítulo, es básico para saber si potencialmente se es apto para ser un buen asesor del cliente.

## Todos somos potencialmente asesores del cliente

Es común pensar que un asesor es alguien muy encorbatado, que trabaja para firmas importantes y que desde su escritorio y su teléfono móvil de última generación se conecta con el cliente, otro potentado, todo en el contexto de una gran elegancia.

Pero nada que ver. Un asesor puede trabajar en una gran corporación, cerrar grandes contratos, o también puede encontrarse en una pequeña tienda vendiendo artículos muy sencillos. Su objetivo es único: ayudar constantemente a sus clientes para que cada vez sean más exitosos.

Cualquier persona puede ser asesor del cliente si trabaja bajo el método de la ayuda al cliente y no la venta *per se* de lo que se tiene en el inventario. Esto aplica al comercializar cualquier tipo de bienes o servicios, desde quien trata de vender productos de consumo residencial o familiar «puerta a puerta», electrodomésticos, ollas, alimentos, alguien que está detrás de un mostrador, hasta a alguien que trabaje desde su casa telefónicamente o en el área corporativa.

Si puedes ayudar a otro para que sea más poderoso, feliz y esté satisfecho en cualquier rubro, podrás asesorar u orientar, y vivir de ello muy cómodamente. Tienes la base.

A continuación se presentan tres elementos de reflexión y más tarde concluirás tú mismo lo que debes hacer para transitar mejor el cambio de vendedor a asesor.

**Elemento de reflexión N° 1: ¿Eres capaz de ayudar a otros?**

Comencemos por el principio. ¿Qué es un asesor del cliente? Es aquella persona que tiene como objetivo ayudar al cliente y elevarlo a un próximo nivel de desempeño, lo cual implica que el asesor generará constantemente cambios positivos y oportunos en la vida del cliente a través de la presentación de soluciones diseñadas a su medida; es decir, lo está ayudando a ser mejor, a pulirse, a tener más calidad de vida como profesional y como ser humano. No le está simplemente presentando bienes o servicios para que compre.

Con las soluciones que ofrece el asesor, el cliente tendrá una salida victoriosa a su situación actual y podrá dedicarse a nuevas actividades o a nuevas dimensiones dentro de su actividad y, sin duda, habrá superado esa etapa anterior, de confusión o de mucha ocupación. El asesor lo ayudó a superarse.

> ...El asesor debe saber transitar los momentos álgidos del cliente y debe saber saltarlos como en una carrera de obstáculos...

Esto aplica tanto para el asesor que recibe consumidores en una tienda de ropa o calzado o en una librería, una tienda de aparatos electrónicos, una tienda de cosméticos y productos para la salud; un Banco; una empresa de seguros y todas aquellas clases de empresas a las cuales llega un potencial consumidor con una situación o un requerimiento que le preocupa y busca respuestas que signifiquen satisfacción.

Aplica también a quien constantemente debe visitar de forma proactiva a clientes nuevos o ya conocidos, para ofrecerles productos, servicios y soluciones dentro de sectores muy «agresivos» como alimentos y bebidas, computación, papeles, textiles, turismo o desarrollos del sector salud.

Por supuesto, también aplica al asesor/consultor especialista de empresas, quien debe diseñar proyectos de mejora organizacional y está en un ciclo de ventas cuya materialización es muy lenta, pues son proyectos muy costosos.

Si el lector es un profesional del Derecho, o de la Medicina, de la Contabilidad o de cualquier ramo, y sabe que requiere incrementar su clientela, este principio del asesor, que se percibe como un elemento que ayuda al cliente, y del cual se dará una profusa información en los siguientes capítulos, es básico para hacer crecer el número de clientes que, tarde o temprano sabrán cuándo alguien que está al frente le está tratando de ayudar o está tratando de colocarle un producto o servicio.

Para todos los anteriores, y sin importar si los clientes van a ellos o viceversa, la clave es ayudar las personas a ser mejores y estar en mejor posición que cuando se encontraron con el asesor por primera vez, resolviendo la situación que le aquejaba o lo aqueja.

Esto significa que el asesor genera una solución centrada en el cliente, en la que el cliente es el foco de atención. Definitivamente el cliente así lo percibe y se sentirá más a gusto con alguien que piensa para él o ella... ¡y así se factura más!

Y todo esto sin parloteo, sin charlas hipnotizantes, sin engaños. ¿Por qué? Es simple: Cuando el asesor se da cuenta o se percata de la problemática del cliente, le ayuda, le aconseja, le permite ver las opciones que puede tomar, pues asocia y/o desarrolla una combinación de los productos y servicios que maneja, y compone una solución integral para el cliente que será colocada por fases.

La acción del asesor se reduce en una frase: ayudar a remediar la situación actual con paciencia y visión de futuro. ¿Te gusta ayudar a otros? Si la respuesta es positiva, vas por buen camino.

### ¿Cómo ayuda el asesor al cliente?

Para trabajar, el buen asesor se centra en el cliente. Así se prepara para ayudarle. Esa es la clave. El asesor se toma un tiempo para realizar las siguientes tareas:

- Conocer al cliente
- Averiguar quién es ese cliente
- Saber qué hace
- Qué ha hecho en su vida
- Saber a qué se dedica
- Reconocer a quién sirve
- Definir cuáles son sus necesidades y aspiraciones
- Centrarlo -*pues muchas veces está confundido y en ocasiones solicita lo que no requiere realmente*-
- Aclarar cuál es la real situación crítica o lo que es lo mismo: cuál es el problema que tiene.
- Reconocer sus proyectos y planes de superación o crecimiento

Una vez conocida la realidad del cliente, el asesor diseñará su solución y explicará cómo la oferta impactará positivamente en la vida del cliente y le agregará valor.

Por su parte, el vendedor tradicional se centra, solitario, en el producto; no se interesa en conocer al mínimo las realidades del cliente y demuestra únicamente las supuestas cualidades del producto, cuyas propiedades trata de inflar y tal vez pueda caer en la tentación de engañar prometiendo beneficios que posiblemente nunca llegarán a cumplirse. También, haciendo gala de potenciales contactos personales especiales dentro de la compañía para generar alguna posible ayuda en caso de requerir un servicio posventa, lo cual es igualmente una deslealtad y un engaño.

Si abordamos la acción del vendedor desde la perspectiva del «cortoplacismo», seguramente le encontraremos lógica a la mentira y la sobredimensión de las propiedades del producto pues claramente se está buscando dinero para hoy. Esta es la base de la acción del vendedor tradicional.

Sin embargo, para el asesor la clave es la relación de larga data que no solamente establezca una relación a largo plazo sino que represente la puerta de entrada para los nuevos clientes que muy seguramente vendrán recomendados por los anteriores clientes satisfechos.

Recuerda: si estás vendiendo sin analizar que le ayudará o no al cliente, pues sabes que estás empujando un producto obsoleto, de baja rotación, de mala calidad o estas ofreciendo más productos o servicios de los que necesita simplemente no estás ayudando. Solo estás transitando por el camino del vendedor «cortoplacista» ¿Recuerdas al vendedor de hielo y la reacción del esquimal?

Ahora bien, como puedes ver, para el asesor y para el vendedor los centros de acción son distintos. El asesor ayuda al cliente y el vendedor empuja el producto. En el campo de la gerencia de ventas a la acción previamente descrita del asesor se conceptualiza como «Centrarse en el cliente».

**A fin de centrarse en el cliente, el asesor...**

- Llega a las puertas del cliente con la perspectiva de quien ayuda
- Es paciente y sabe que el tiempo con el cliente es una inversión
- Dado que se centra en el cliente, sabe escuchar más que hablar
- Es honesto, pues tiene como meta generar una relación a largo plazo.

- Se apasiona por brindar lo mejor de sí mismo al cliente, para que éste, estando sin ataduras o compromisos, acuda a él constantemente.
- Tiene capacidad para observar el estado actual del cliente y visualizar cómo esa persona puede ser más feliz.
- Tiene una gran capacidad de análisis y asociación, con lo que puede reconocer cuál producto

> Generalmente no se hace «carrera» con el cliente y se viaja de cliente en cliente como el pájaro picaflor, sin desarrollar todas las oportunidades comerciales con el cliente que ya tienes en tu cartera...

o servicio de forma única o compuesta, harán más fuerte al cliente.

## Elemento de reflexión número 2: ¿Mantienes relaciones duraderas?

Este segundo elemento que vamos a conocer no solo se refiere a ti en tus cualidades personales y tu capacidad de ayuda, como en el elemento de reflexión anterior, sino a ti junto a otras personas. Ahora te tomarás una foto de ti mismo en un grupo.

Ya conoces que ser un buen asesor no se basa en la presentación del producto, sino en el entendimiento actual total del cliente y su ayuda para mantenerlo, pacientemente, a lo largo del tiempo con ayudas secuenciales. Pero esto no es fácil pues mantener relaciones duraderas con cliente es difícil -incluso en el ámbito personal con familiares y personas que se quieren es difícil-. Es simple. Las relaciones personales y profesionales son complejas pues las personas somos complejas.

## Revisa tus niveles de tolerancia

Conseguir clientes es relativamente fácil; mantenerlos es todo un arte. Pero recuerda que mantener a un cliente implica no solo entender y complacer sus necesidades, sino ¡Entender y complacer sus necedades! Así que el asesor debe revisar y afinar sus niveles de tolerancia constantemente.

En el camino de la relación con el cliente, el asesor debe actuar con seguridad, prudencia y desempeñarse como Ulises en *La Odisea*, quien triunfó en su larga y ambiciosa misión pues tenía fijo un objetivo, el cual era regresar sano y salvo a casa en Ítaca; objetivo fijado aún antes de partir. El objetivo fijo del asesor debe ser conservar al cliente a través de un excelente servicio.

El asesor debe saber transitar los momentos álgidos del cliente, y debe saber saltarlos como en una carrera de obstáculos. El cliente puede a veces resultar muy maleducado y hasta grosero, o ser un cliente «quita tiempo» pues habla mucho o es inconsistente. Ante todo esto, el asesor debe mantenerse a su lado.

**Más allá de los caprichos**

El asesor debe saber ir más allá de las «necedades» temporales del cliente -*que se advierta bien que se usó la palabra necedades y no necesidades*- y debe establecer como objetivo, mantener al cliente para siempre y hacer «carrera» con este tal y como éste sea. A pesar de sus fastidios, sus cambios bruscos, sus inconsistencias.

Por esa razón la esencia del segundo elemento de reflexión es la siguiente: ¿Acostumbras a tener relaciones duraderas controlando tus niveles de tolerancia? El asesor cree en el beneficio de las relaciones a largo plazo. ¿Cómo estás en ese sentido?

**No seas orgulloso**

En muchas oportunidades, en la experiencia diaria con vendedores y asesores, se escucha a quienes dicen con marcado orgullo «Yo coloco al cliente en su lugar cuando se pone muy quisquilloso, les digo las verdades en su cara pues no tengo tiempo para aguantar majaderías, y si se pone bravo, mala suerte». Incluso hay quien dice…«Ese viejo adagio que indica que el cliente siempre la razón es cierto, pero en un 99% y cuando a mí me toca ese 1%, pierdo la compostura».

Bueno, amigo… malo, malo con las posturas anteriores, ahí podemos ver ejemplos de gente a quien le gusta perder su tiempo en relaciones cortas. Tu objetivo debe ser mantener al cliente contigo. Si estás molesto con el cliente, respira, resetéate, brinca tres veces y gira hacia el sol, pasa la página, ubícate en tu horizonte y recuerda que tu objetivo es mantenerlo. Toma conciencia que no todos tus clientes son así de fastidiosos. Recuerda que tienes también clientes muy agradables. Así que disfruta a ese grosero en particular y sonríele.

Trata de comprenderlo y complacerle. ¿Has pensado en buscarle conversación a ese cliente grosero y escucharle? Tal vez lo que requiere es un confidente. Solo escúchale con paciencia.

### ¿Cuál es la importancia de mantener al cliente?

Un asesor del cliente tiene clientes, los mantiene satisfechos y hace «carrera» a través de ellos por muchos años, hasta hay quienes asesoran en sus diversos campos a generaciones de familias. El asesor mantiene esas relaciones porque además de ser la clave de la recompra, hay que estar consciente que el cliente de hoy día tiene múltiples opciones y la compra la puede hacer hasta por Internet o llamando a algún competidor. Tú no eres la única opción. Pero a menos que seas el rey del mercado, y mantengas muchos clientes rehenes, y no te importe perder nichos de mercados, deberás asesorar con paciencia y excelencia. El buen asesor nunca olvida al cliente y trabaja de forma tal que el cliente vea en él a un consejero confiable.

Generalmente no se hace «carrera» con el cliente y se viaja de cliente en cliente como el pájaro picaflor, sin desarrollar todas las oportunidades comerciales con el cliente que ya se tiene en la cartera.

Tú puedes crecer con tus clientes actuales o puedes olvidarlos y buscar otros nuevos. El asesor sabe que es más fácil hacer dinero con un cliente que ya conoce, que no atender a los viejos y estar buscando siempre nuevos clientes

Por eso debes ser apasionado con las relaciones duraderas y debes estar consciente de la importancia de la tolerancia.

## Hacer carrera con el cliente

Hacer carrera significa desarrollar al cliente hasta su máximo potencial, poco a poco, con ventas cruzadas, como quien vende salami: en pequeñas partes. Marcando pequeñas victorias y permanecer junto a él, y que éste, paulatinamente, vaya ayudándote a construir tu red de clientes, entre su red de conocidos. Es simple: tú lo ayudas y él te ayuda.

En nuestro contacto diario con organizaciones podemos observar que no se aprovecha al cliente hasta su máximo potencial, no solo para facturar más fácilmente, sino para crecer con él, acompañarlo lo más lejos posible. Haciendo que el cliente se desarrolle. Pero para que este nivel de crecimiento se lleve a cabo, el asesor debe estar casado unilateralmente con el cliente -*Tú con el cliente; no el cliente contigo.*-

El real asesor está consciente de que el cliente mantiene con él o ella una relación de pareja, libre, sin compromiso y si vuelve a solicitar sus servicios es por satisfacción y no porque no hay otro remedio.

## Cautela ante las discrepancias

El recientemente nombrado Papa de la iglesia católica, Francisco, asegura que las discrepancias se dirimen con paciencia, tranquilidad y buena educación. Un asesor del cliente de alto nivel es cauteloso cuando hay discrepancias con el cliente; es capaz de ceder espacios en cuanto al factor responsabilidad se refiere cuando el cliente es inconstante. Aún cuando el cliente es culpable, permítele que tenga una salida honrosa. Él lo agradecerá. Cuando el cliente se disgusta, deja tu orgullo a un lado; y se tú quien propicie el reencuentro, y aprecia al cliente en sus distintas dimensiones. Ponte en los zapatos del cliente, aún en casos extremos.

A los clientes les desagradan sobremanera los asesores «yotengosiempretodalarazón». Es agotador para un cliente sentirse al filo del abismo. Si eres vertical en tus relaciones con otros---*incluyendo a los clientes*- recuerda que debes ser más flexible y si tú no lo eres, otro lo será por ti. En el ámbito profesional y hasta personal.

En el caso de ti como asesor del cliente debes saber que vivirás bien y te llamarán una y otra vez para nuevos contratos o servicios, si además de ofrecer un excelente servicio, creas lazos con el cliente basado en tu capacidad de mantener relaciones duraderas. ¿Eres tolerante?

**Elemento de reflexión número 3: ¿Controlas a tus monstruos?**

Todos los seres humanos tenemos muchas inseguridades. En nuestro aspecto físico, en nuestro desempeño como hijos, como padres, como hermanos, miembros de una comunidad, a nivel de pareja, como profesionales, como amigos, como amantes, las dimensiones en las cuales podremos ser inseguros y vulnerables son muchas.

> ...Cuando ese contrato no se da, cuando las ventas están disminuidas, cuando las deudas te persiguen, cuando haces tu mejor esfuerzo pero llegas tarde a una cita y el contrato fue dado a otra persona, o el cliente se va groseramente de tu mostrador a pesar de tu gentileza, el depredador tratará de apoderarse de ti...

Asimismo, todos los seres humanos tenemos un personaje que debemos conocer, para controlarlo y minimizarlo. Nunca lo podremos matar. El si quiere eliminarnos a nosotros. Hablo del llamado «Depredador Psíquico». También conocido simplemente como el depredador. Este personaje es el pensamiento paralizante que en ocasiones llega a nuestra mente con frases como: «Yo no puedo», «Eso es mucha carga para mí», «Estoy muy viejo para ese proyecto», «Ese cliente no me va a comprar porque yo estoy gordo o gorda», «Ese cliente se va a ir con otro», «Por mi cuenta no voy a lograr nada», etc.

¿Has tenido esos pensamientos? Ese pensamiento se nos presenta cuando estamos con el ánimo bajo, cuando estamos en medio de un campo de acción desconocido, cuando hemos fallado en más de una oportunidad, cuando nos sentimos inseguros...y también se presenta cuando estamos en un buen momento. En ocasiones, cuando estamos contentos pues acabamos de firmar un contrato, el depredador nos indica «Si...triunfaste en esta oportunidad pero le fallaste a otra persona».

## ¿Cuál es la misión del depredador?

Minimizarnos como personas, como profesionales, como asesores comerciales si es nuestro campo de acción. Esto está muy relacionado con nuestra autoestima. Este punto se trae a colación ya que el asesor del cliente tiene que saber lo complicado que resulta cerrar ventas, y su estima tiene que estar siempre muy en alto.

Tu seguridad frente al cliente no es tan importante como la seguridad frente a ti mismo. No es fácil la tarea de tratar de colocar o vender productos o servicios. Para nada. Tampoco se trata de colocar un afiche prediseñado de nosotros frente al cliente. Hay que manejar muchas variables: El mercado está competido, la vida está acelerada, las relaciones de pareja son un arte para mantener, el cliente que no se decide, el tiempo pasa y qué hay de nosotros. ¿Vamos a dejar aplastarnos por ese ser creado muchas veces por la inseguridad de la sociedad? ¿La inseguridad de nuestros padres, familiares y conocidos que se han transmitido a nosotros por causa de una ósmosis cultural o relacional directa?

Esas inseguridades, transmitidas o creadas, nos hacen ver pequeños frente a terceros. Un asesor, en su intento por cerrar ventas, jamás puede caer víctima del Depredador Psíquico. Ningún cliente desea ser asesorado por alguien inseguro y que no denote seguridad. Lo subestimará. Huirá con mucha seguridad. Y esto terminará cuando empieces a tener seguridad en ti mismo.

Recuerda siempre: cualquiera que sea la concepción de tu origen como persona, hablemos del cosmos o hablemos de Dios, y no quiero entrar mucho en ese terreno, tú estás aquí en este mundo para triunfar. Particularmente siento que existe un ser supremo y sé que mi relación con este ser, la cercanía con este ser, la determino yo mismo. Eres tú quién define el tipo de relación que tendrás con tu ente creador. Esta entidad superior exige dar siempre lo mejor, trabajar con lo mejor, escoger lo mejor dentro de tu rango de posibilidades. En la medida en que se escoja lo mejor, te irás moviendo en el plano de la excelencia y es ahí donde el llamado Depredador Psíquico no actúa pues no puede entrar.

Cuando tengas esos pensamientos negativos o tengas una actitud negativa o de duda sobre la suerte de algún intento de venta, recuerda que eres parte de un cosmos que se mueve siempre evolucionando, siempre creciendo, siempre en expansión. Y diariamente, cuando te levantes de la cama, cuando estés caminando por esas calles,

> "Las únicas personas que nunca se tambalean son aquellas que nunca intentan subir a lo más alto"
>
> **Oprah Winfrey**

cuando estés en un edificio de apartamentos o de oficinas y sientas que te sientes arrugadito -o *arrugadita*- como una ciruela pasa, ten presente que eres esencia misma de este universo en expansión y de excelencia. No hagas caso a ese pensamiento o duda que trata de minimizar tu acción.

En la experiencia diaria con equipos de ventas de las organizaciones se aprende que la motivación rinde frutos increíbles y el primer enemigo de la motivación es la inseguridad causada por lo que aquí denominamos el Depredador Psíquico.

Cuando ese contrato no se da, cuando las ventas están disminuidas, cuando las deudas te persiguen, cuando haces tu mejor esfuerzo pero llegas tarde a una cita y el contrato fue dado a otra persona, o el cliente se va groseramente de tu mostrador a pesar de tu gentileza, el depredador tratará de apoderarse de ti. Para que esto no ocurra, cuando tu ánimo esté a punto de caer, no tengas ni un centavo en la cartera, crea en la mente tu propio «Almacén de Seguridad». Son elementos físicos, visiones, recuerdos, pensamientos u oraciones que te servirán para impedir que el depredador tenga éxito en su propósito. Sirve como escudo. Una fotografía de un ser querido sirve para ello. Todo suma en este sentido.

Particularmente tengo oraciones para impedir el avance del Depredador en mí. Esta oración que a continuación leerás te puede servir:

«Soy el éxito; soy esencia de Dios.
Me esfuerzo por dar siempre lo mejor.
Mis clientes observan en mí la excelencia.
Cada paso que doy
es un paso al triunfo y a la armonía personal.
Estoy en proceso de mejoramiento continuo y
¡Me siento estupendamente bien!»

Tú también puedes crear tu propia oración de defensa. ¡Hazlo sin miedos! Con estas oraciones cierro conferencias y seminarios, y la sensación de reconocer lo mejor de nosotros mismos se evidencia inmediatamente en los rostros y en los corazones de los participantes.

## Cuando te sientas desanimado y el depredador esté ganando la batalla...

En una ocasión, tuve la oportunidad de observar por TV a una chica que sufre de parálisis cerebral. Esta chica trabajaba en una institución de reconocido prestigio en atención al cliente y constantemente está expuesta al público. En esa oportunidad el conductor del programa le preguntó qué hacía cuando se sentía deprimida. Ella respondió con mucha humildad que cuando tenía los ánimos por el piso, recordaba cómo habían sido sus inicios, sus primeras luchas, sus primeros triunfos, y así, teniendo una profunda fe en sí misma y en Dios, no olvidaba que sus comienzos fueron tortuosos y que ya los había superado.

Cuando estés en un momento difícil, recuerda con mucha fe cómo has superado tus primeros obstáculos y ten siempre presente que estás aquí en este mundo para vivir lo mejor.

## ¿Quieres vencer tus inseguridades? ¡Declárale la guerra a la pobreza!

Tú tienes dos caminos: o te conectas con la pobreza, o te conectas con la riqueza. La primera no es motivo de orgullo y si dejas que las inseguridades se apoderen de ti ese será un puerto seguro. Pero, atiende bien: si tu conexión es con la riqueza, la prosperidad es tu destino. Y no solo hablo de riqueza o pobreza material, sino de riqueza o pobreza mental.

Un asesor que intente tener éxitos en ventas, desde un bolígrafo hasta un edificio, debe conectarse con la riqueza, la excelencia, con el éxito, con el triunfo y reconocerse siempre triunfador. Hacer -*como decía Aristóteles*- de la excelencia un hábito. Vestirse bien, oler bien, estar en el proceso de la armonía interna. ¡Eso es riqueza! a pesar de los malos días. Para ello debes estimularte

"Somos lo que hacemos día a día. De modo que la excelencia no es un acto ...es un hábito"

**Aristóteles**

con rodearte de lo mejor, de lo excelente. Repito: desde tu rango de posibilidades, elige siempre lo mejor, de las tres camisas que te gusten...toma siempre la mejor...conéctate siempre con lo mejor, y por supuesto, siempre da lo mejor de ti. El universo actuará en consecuencia y recibirás lo mejor.

### ¿Tienes las cualidades básicas para ser asesor?

Ya tienes claro que un asesor se centra en sus clientes y les ayuda, y a diferencia de un vendedor tradicional centrado en colocar sus productos, el asesor es capaz de ayudar a otros impulsándoles a ser mejores en sus distintas necesidades. Así mismo le gusta y mantiene relaciones duraderas con los clientes pues es tolerante; finalmente controla a sus monstruos o inseguridades conectándose con la excelencia.

Si reconoces estas tres cualidades personales en ti: Perfecto. Si sientes que debes reforzar una de estas tres: maravilloso porque ya tienes claro qué debes mejorar.

Finalmente, para finalizar el paso denominado «Conócete a ti mismo» no olvides trabajar con pasión. La pasión y la obsesión son las claves de la obtención de los resultados esperados. La creatividad surge de la obsesión. Piensa en el cliente siempre, ponte en sus zapatos, y trabaja como si tu vida dependiera de cada uno.

# Paso 2: Conoce tu producto

En una oportunidad, a principios del siglo XX, en París, una acaudalada señora entró a la tienda de Coco Chanel, que para ese entonces no era una afamada casa de modas sino una sombrerería muy reconocida y prestigiosa en la alta sociedad de la ciudad. La señora entró a la tienda con un sombrero en sus manos y le pidió a la señorita Chanel que lo remozara, que lo modernizara pues quería cambiar.

— Está bien, *-le dijo la señorita Chanel-*

Y procedió a quitarle todo tipo de artificios, entre los que se encontraban frutas y pájaros. Lo remozó y lo despojó completamente de todo accesorio. Tan solo tomó de su depósito una cinta nueva con la que rodeó la copa del sombrero.

— Ya está *-expresó la modista-* mientras observaba la obra.
— ¡Perfecto! *-dijo la clienta-* Me encanta. ¿Cuánto le debo?
— Son trescientos francos *-respondió.*
— ¿Trescientos francos? *-exclamó sorprendida la clienta-* ¿Cómo me va a cobrar trescientos francos por quitarle cosas a un sombrero y colocarle una cinta que solo cuesta seis francos?
— Querida *-le contestó la modista con mucha seguridad-* la cinta es un obsequio, es una cortesía de mi parte. Cobré trescientos francos porque llegaste a mí con un sombrero y te vas ahora con un Chanel.

**Conoce tu producto y sus dimensiones**

Un asesor que pretenda colocar o vender un producto o servicio debe saber todos los aspectos que rodean a su producto o servicio. A saber:

- ¿Qué es ese producto o servicio?
- ¿Qué significa en el mercado? Puede significar status, innovación, salud, tradición, austeridad, buen producto a precios razonables, exclusividad, oportunidad.
- ¿Cuáles son sus dimensiones funcionales? Es decir, cuán útil puede llegar a ser ese producto y por qué.
- ¿Cuáles son sus características? Características cualitativas y/o cuantitativas.
- ¿Cuándo y cómo fue creado? La historia del producto
- ¿Cómo se produce en la actualidad?
- ¿Cuáles son sus propiedades y/o aplicaciones?
- ¿Cuál es la diferencia fundamental con el producto del competidor?
- ¿Qué representa para el cliente el uso de ese producto o servicio?
- Beneficios de acuerdo al tipo de consumidor
- Beneficios y casos de éxito del producto o servicio en otros clientes, países o situaciones
- ¿Cómo debe ser usado el producto?
- Alarmas y cuidados con respecto al producto
- Limites del producto o servicio. Hasta dónde llega su beneficio.

Así ofrezcas productos manufacturados o servicios, debes saber qué ofreces y cuáles son sus características. De esta manera podrás ayudar mejor al cliente. De lo contrario, solo se estaría actuando como un colocador automatizado de productos desconocidos, con lo cual se estará perdiendo la batalla frente a un competidor que conoce bien las cualidades y beneficios de su portafolio y es capaz de calzar los zapatos del cliente para explicarlo y entusiasmar al cliente con una excelente visualización de su uso y disfrute.

En nuestra experiencia diaria con los equipos de ventas de las organizaciones podemos observar que muchos de los llamados ejecutivos de ventas desconocen las propiedades de sus productos o servicios, y solo se limitan a ofrecer aquellos que conocen, bien sea por tradición de ventas o por comodidad.

Aunque un producto no ofrezca mucha ventaja económica en relación con puntajes o comisión para el asesor, este debe ofrecerlo siempre y cuando sea necesario para el cliente. Cuando un cliente llega a una tienda desea ser atendido y anhela que el asesor le ofrezca una inducción acerca de los productos que le solventarán una situación indeseable actual o futura, o ayudarán a mejorar su buena situación actual.

## El rol del gerente de ventas en la gestión del conocimiento de su equipo

En ocasiones, las empresas que se preocupan por ofrecer inducción de los productos o servicios se limitan a dar una breve charla de los productos o servicios que comercializa. Una o dos veces por año, y ya. Bien sea por parte del mismo gerente de ventas, un vicepresidente regional, un gerente de productos u otro ejecutivo de la empresa. Sin embargo, las organizaciones realmente exitosas constantemente educan, reeducan y generan mesas de discusión con los representantes de ventas para cerciorarse de que sus representantes comerciales conocen los productos o servicios y más aún: son capaces de traducir ese conocimiento técnico en soluciones para los clientes porque saben y están conscientes de que el cliente compra la solución…no el producto.

En las páginas preliminares del libro, comentábamos que muchos clientes no son capaces de conectar las cualidades técnicas de los productos o servicios con la resolución de las situaciones críticas, proyectos o necesidades que confrontan. ¿Grave? Pues sí. Pero más grave aún es cuando es el representante comercial quien ni conoce técnicamente el producto, y ni es capaz de vincular la propiedad técnica del objeto a vender con la realidad del cliente y su satisfacción.

Que una fuerza de ventas de alguna empresa esté conformada por vendedores *tomapedidos*, o por asesores del cliente, es responsabilidad únicamente del gerente de ventas. Es responsabilidad del gerente de ventas transformar talentos naturales no exitosos, en talentos especializados triunfadores que agreguen valor a la vida del cliente y así facturen.

## ¿Cuándo utilizar las cartas del conocimiento?

Cuando se asiste al consultorio de un médico, este no atormentará al paciente con un discurso sobre todos los medicamentos que él conoce; tampoco tú, como asesor, debes tratar de impresionar con tus amplios conocimientos de los productos que manejas.

Este conocimiento lo debes tener en cuenta para cuando el cliente lo requiera, o cuando se le explique por qué tú estás recomendando un determinado producto. Al saber la necesidad del cliente, se le detalla el porqué de los productos que recomiendas y para ello debes conocerlos.

Al igual que tu médico de preferencia, éste no solo te agrada porque evidencia conocimiento en su área, sino porque además de indicarte qué tomar, te indica, por qué, las características de cada medicina serán beneficiosas para ti. En ocasiones indica cómo vas a ir mejorando y en cuánto tiempo. Así actúa un asesor con respecto al beneficio de cada tipo producto que comercializa. Une el conocimiento técnico con los beneficios.

### Los «*tomapedidos*»

Dada la ignorancia que en ocasiones se presenta sobre los productos que se ofrecen al cliente, muchos representantes comerciales de las organizaciones se limitan a ser portadores de sus solicitudes, tomar los pedidos y tramitarlos. A este tipo de personajes se les conoce como «tomapedidos», también son conocidos como los «cazapedidos».

Las empresas no pueden darse el lujo de tener «cazapedidos» en sus equipos de ventas. Tú, como asesor, que intentas colocar o vender un producto para hacer crecer al cliente, debes conocer las características y sus bondades con el fin de poder ofrecerlos con propiedad. ¿Eres tú un cazapedidos?

En ocasiones, cuando no se conocen las características y beneficios de los productos, por temor a que se evidencie su ignorancia, el vendedor se limita a esperar a que el cliente los solicite. Es un episodio bastante nefasto para ambas partes ver cómo el cliente requiere ser atendido y educado, mientras que el vendedor a veces, por manejar la visión del «cazapedidos» o ignorar las cualidades y limites de los productos, trata de despacharlo con una sola visión en la mente: ¡El próximo!

Si una organización, grande o pequeña, tiene entre sus integrantes a representantes comerciales de esta naturaleza, significa que esta empresa estará dispuesta a trabajar con personas que decepcionarán al cliente e igualmente está dispuesta a quebrar ya que el cliente comparará al representante comercial que le atiende con algún otro que, efectivamente, evidenció real conocimiento de los productos. Por otra parte, el crecimiento de la empresa estará limitado y su velocidad de crecimiento estará supeditada a la velocidad de la solicitud del cliente. Preocupante.

### ¿Marketing vs Ventas?

En muchas ocasiones, cuando se trata de empresas de servicios grandes –*Bancos, líneas aéreas, aseguradoras, entidades financieras, comercializadoras, entre muchas*– el representante comercial no está enterado de lo que el Departamento de Marketing ofertó a través de los medios de comunicación, y es el cliente quien le entera de las novedades.

Nuevos productos, nuevos paquetes de productos compartidos o «combos», nuevas promociones, o promociones antiguas, deben ser conocidas por el representante comercial de la empresa o por el asesor profesional privado. Si no está enterado de estos detalles, el representante comercial de la organización solo hará que todos los involucrados pierdan y serán pérdidas de toda índole: tiempo, dinero, esfuerzos, ilusiones, oportunidades, etc.

Para que eso no ocurra, las organizaciones deben implementar la técnica que se dará a conocer en este tratado, como *first back*. Es decir, aquel sistema de trabajo que indica que antes de salir a la calle con un producto, la empresa debe informar a su fuerza de ventas con la correspondiente inducción.

En tal sentido si quieres saber si tienes conocimientos de los productos que comercializa tu empresa, puedes preguntarte lo siguiente:

- ¿Conozco los productos que ofrezco?
- ¿Conozco como combinarlos de acuerdo con la realidad del cliente?
- ¿Conozco los productos que ofrece el competidor?
- ¿Considero que es inútil conocer los productos del competidor?
- ¿He generado acciones concretas en el último trimestre para conocer y manejar los productos del competidor?
- ¿Sé cuál es el producto estrella del competidor?

# Paso 3: Reconoce quién es tu cliente-objetivo

No te desgastes en clientes que te consumen tiempo y no te dan buenos frutos. Reconoce quién es tu cliente-objetivo. Con el tiempo desarrollarás un sentido especial de detección de ese cliente con el que podrás crecer profesionalmente. Sin embargo, existe un principio muy importante en los negocios:

## Un principio básico para observar en ventas

### En tu área de negocios

No todos los demandantes de servicios como los tuyos son tus clientes

No todas las empresas que ofertan en tu mercado son tus competidoras

El asesor tiene que ser muy cuidadoso al saber a quién va a tratar de vender y por qué, pues podría estar toda una vida tratando de colocar algún producto en una persona o alguna organización que como cliente no le generaría frutos robustos; es decir, aquellos a quienes no les interesamos como proveedores.

Al afirmar que no todos son tus clientes, se quiere decir que con mucha facilidad podrías confundir a tu cliente-objetivo con aquel que no te será rentable y –*aunque resulte muy atractivo o prestigioso*– venderle algo resultaría una tarea titánica.

### ¿Qué es un cliente-objetivo?

Es aquella persona natural o jurídica que realmente necesita de tus servicios y puede pagar tus tarifas. Es la persona a quien podrás venderle con mayor facilidad, y con quien lograrás muchas ventas sucesivas pues podrás crecer con él, no tendrás muchos inconvenientes al colocar tus productos, te desgastarás menos y tu carrera será más fácil ya que entiende la naturaleza de tus servicios.

Si estás en una tienda, el cliente-objetivo llegará más fácilmente a ti, pero si vas a salir a buscar clientes, debes estar muy pendiente de no confundirte. Más aún: si trabajas en una tienda o un local podrías perder tiempo si tratas de colocar un producto en un cliente no objetivo. En la tienda algún cliente perdido puede llegar a ti, y como buen asesor puedes decirle: «Amigo, en este negocio no tenemos el producto que usted requiere, pero sí lo encontrará en este otro comercio». Posiblemente le des el nombre de quien sí sabes que le resolverá la situación. Le das tu tarjeta, le estrechas la mano cordialmente, y ese cliente, agradecido, siempre volverá a ti, bien sea el mismo o a través de otras personas referidas pues te recordará con agradecimiento.

### ¿Cómo reconocer quién es tu cliente-objetivo?

Al cliente-objetivo lo podrás reconocer porque, ante todo, tú tienes el producto, servicio y experiencia que él necesita. Sin embargo, además será tu cliente-objetivo cuando:

1. Tiene experiencia comprando el tipo de producto que tú ofreces
2. Tú o tu organización pueden evitarle realmente pérdidas de dinero, tiempo, participación u oportunidades de éxito al adquirir tus productos, ya que los necesita verdaderamente.
3. Tú o tu organización pueden servir al cliente de manera rentable -*sin que pierdas dinero*-
4. Él es capaz de pagar tus precios

Veamos cada item por separado:

**Primer ítem para ubicar a tu cliente-objetivo: El cliente-objetivo tiene experiencia comprando el tipo de producto que tú ofreces.**

Busca e insiste trabajar con aquel cliente que ya conoce de qué se trata el tipo de productos que ofreces y que ya los ha usado. No necesariamente que haya usado tu producto, sino la clase de aquellos productos que tú ofreces. Busca a esos clientes que ya tienen experiencia usándolos. Aquellos quienes ya han transitado por la curva de la necesidad, la educación y/o contacto con su uso y ya tienen la experiencia. Con ellos la negociación será más fácil.

Por ello reconoce antes de insistir en venderles:

- ¿Han comprado o tienen experiencia comprando los productos o el tipo de producto o servicio que comercializas? ¿Tienen experiencia con estos? ¿Han tenido éxito?

- Si tu cliente revende… ¿Venden, han vendido, utilizan o han utilizado con éxito los productos que tú ofreces? Si los han revendido o comercializado en el pasado… ¿podrían hacerlo hoy con éxito?

**Segundo ítem para ubicar a tu cliente-objetivo: Tú o tu organización pueden evitarle realmente pérdidas de dinero, tiempo, participación, u oportunidades de éxito a tu cliente al adquirir tus productos. Es decir, el cliente será más exitoso y rentable contigo**

Busca e insiste en trabajar con aquel cliente de quien sabes o reconoces que está perdiendo tiempo y dinero pues no está utilizando tus productos o servicios, pues así lo observaste tanto en una entrevista o en alguna experiencia informativa o de contacto. Busca e insiste en hacer negocios con quien sabes que será más exitoso con tu venta, su negocio será más rentable con tu producto y percibes que este se convertirá, a la larga, en un agradecido cliente para siempre.

Hay gente o empresas que no necesitan de tus servicios pues no están generando pérdidas o están satisfechos en el área de impacto de tus productos; así pues que no gastes tiempo tratando de hacer citas con ellos, pues si acaso te compran el producto una vez, no volverán a hacerlo ya que lo considerarán un gasto innecesario.

Simplemente su inversión contigo nos les significaría un mayor avance económico.

Analiza entre el mercado de demandantes que requieren los tipos de productos que tú tratas de vender ¿Quién será más rentable con tu producto? ¿Quién se sentirá mejor? ¿Quién estará en una mejor posición y no perderá tiempo, dinero u otros recursos? De esto se refiere la frase «ayudar al cliente a elevarse».

Si tú puedes ayudar al cliente con tu producto o servicio y lo puedes sacar de un problema, o evitar que siga gastando, o será más rico con tus servicios, ese es un cliente-objetivo para ti. Analiza la situación actual del potencial cliente. Ahí tienes una buena pista para saber si estás tocando las puertas correctas.

**Tercer ítem para reconocer al cliente-objetivo:**
**Tú o tu organización pueden servir al cliente de manera rentable.**

Cuando planifiques visitar a un cliente observa si tú o la empresa que representas están en la capacidad de servirle sin que tú o tu empresa pierdan dinero. Nunca se debe perder dinero al trabajar con un cliente.

Si vas a perder tiempo y dinero, y crees que eso es una inversión, revisa bien cómo puedes servirle sin dañarte. Muchas personas consideran que entrar perdiendo es una buena inversión para el futuro. Mentira. La experiencia indica que muy posiblemente te desgastarás, perderás tiempo tratando de venderle y quizá tendrás que hacer malabares para satisfacerlo en la posventa, que puedes quedar mal parado *-junto con tu reputación-* y como en el caso del esquimal, no querrán verte posteriormente.

Podría ser que el cliente esté satisfecho contigo al final de tanto esfuerzo, y aprecie personalmente lo que has hecho, pero ambos pueden perder. En caso de existir estas posibilidades de pérdidas de tu parte, existen fuertes posibilidades que no puedas servirle como él está acostumbrado a ser servido. Ten cuidado entonces con las quejas y la imposibilidad de hacer carrera con él por causa de su insatisfacción. Sería una pérdida de tiempo tratar de venderle.

Toda negociación debe ser rentable y beneficiosa o, al menos, debe generar una rentabilidad sin pérdidas. Trata de vender tus productos a quienes puedas servirles con criterios en los que ambas partes ganen y con seguridad puedas servirle. No pierdas dinero con ningún cliente.

**Cuarto ítem para reconocer al cliente-objetivo:**
**Es alguien capaz de pagar tus precios**

Siempre debes considerar que a quien toques la puerta para venderle un producto puede pagar tus costos y considerar que tu oferta siempre será una inversión excelente a un precio razonable. Si no tienen dinero no es recomendable hacer carrera con ellos.

Esto va desde quienes pretenden establecer una floristería muy exquisita o un restaurante lujoso en una zona de escasos recursos económicos, hasta quien vaya a ofrecer un servicio a una empresa que está naciendo. Aunque necesiten el servicio, si el cliente no puede pagar tus costos, ve con otro que sí pueda hacerlo -*también debes revisar si tu estándar de precios o costos está sobrevaluado*-

Si alguien no está en la capacidad de pagar tus precios -*aún con costos justos*- no es tu cliente-objetivo ya que optará siempre por alguien que pueda satisfacer sus necesidades con una calidad de servicio menor a un precio menor. Seguro lo visitarás, pero a la larga, se sentirá orientado a trabajar con otra organización en la que los costos sean inferiores. No pierdas tiempo en clientes que no tienen la posibilidad de pagar tus precios.

**Visión maestra**

En definitiva ya sabes que el asesor vive de colocar y facturar sus productos en los clientes adecuados, y que no vive del aplauso del cliente equivocado aunque le guste ayudar a otros. Tampoco va generando pérdidas de tiempo, oportunidades y dinero con clientes errados. El asesor no pierde tiempo y sabe quién es su cliente-objetivo. ¿Lo tienen claro tú o tu organización? o ¿Están tratando de generar negocios con clientes que no les funcionan?

Es muy común en las fuerzas de ventas que el ejecutivo le diga a su jefe: «Con este cliente estamos a punto de cerrar un buen negocio»... Y así pasan años. Esos clientes son los *time consumer* o consumidores de tiempo. Despáchalos.

# Cuando estés frente al cliente ¿cómo debes proceder?

## Paso 4: ¿Ya estás frente al cliente? Crea una conexión emotiva y clima de confianza

# E l contacto inicial con el cliente ¿Cómo comenzar?

En este capítulo vamos a tratar acerca de lo que debes hacer cuando tengas al cliente frente a ti por primera vez o cada vez que quieras venderle un producto o servicio. Supongamos que estás frente al potencial cliente por primera vez. Lo primero que debes saber y recordar en ventas es que en un inicio, ya cara a cara, tu primer objetivo, el más importante y vital, la primera meta que debes tener en mente, es llenar *full* el tanque de gasolina del automóvil. Si; efectivamente leíste bien. Cuando vas a iniciar un gran viaje y has planificado hacerlo en tu automóvil, después de chequear que todo el equipo se encuentre en buen estado ¿Qué haces? Llenar de combustible al auto...sin esa energía sabes que no llegarás muy lejos.

En las ventas sucede lo mismo; cada cliente nuevo es un recorrido y un mundo por desarrollar. La energía *–esa gasolina–* que te llevará a niveles insospechados de facturación y aumento de ganancias o comisiones, al éxito en la travesía de las ventas, no son los productos de tu portafolio o los servicios que ofreces. La verdadera energía que te conducirá al éxito en las ventas es la conexión emotiva que puedas crear entre el cliente y tú. La conexión emotiva con el cliente es la base para toda tu relación comercial con esa persona a quien deseas venderle un producto o servicio. Esa conexión emotiva comienza a construirse desde el primer contacto y nunca debe perderse. El primer ¡Hola! ¿Cómo está? La primera frase o gesto agradable; la primera sonrisa sincera es el primer paso para el viaje.

Al comenzar el contacto con el cliente no vendas; no muestres tus productos o servicios; no saques tu portafolio y mucho menos hables de precios. Reserva estos puntos para un poco más tarde. En esa

> ...Cuando el cliente percibe desde el primer contacto la sencillez y la falta de posturas en el asesor, cuando se percata de que éste desea verdaderamente ayudarle, el cliente baja la guardia. Baja la barrera o el «muro de defensa»...

primera fase deja que de tu cuerpo salga el mercader y entre en acción el ser humano. El acto de consumo, la toma de decisión de compra, el sí que tanto buscamos por parte del cliente es un acto emotivo; no es racional. El cliente o tu cartera de clientes están contigo por lo que tú significas como persona y por la conexión emotiva que pudiste lograr con ellos a lo largo de toda la vida.

Así que antes de la venta, conéctate emotivamente. Sin conexión emotiva no hay recorrido.

**Pero exactamente... ¿Qué es la conexión emotiva?**

La conexión emotiva es el estado mental de mutuo agrado que existe entre el asesor y el cliente. Si no hay conexión emotiva entre las partes, la negociación será cuesta arriba o muy limitada. Se logra la conexión emotiva cuando se reconoce y se celebra la presencia de gustos, experiencias, afinidades, visiones comunes, motivadores similares y alineados a nivel personal e incluso humano entre el asesor y su cliente.

Ese estado mental de valores y sentimientos personales compartidos, una vez que ha sido percibido entre ambos, debe ser reconocido, reiterado y proclamado para alabar su presencia, y reiterar así el vinculo existente entre las partes; lo que dará como resultado un clima de confianza que derivará en sinergias productivas comerciales sin límites donde todos se beneficiarán.

La conexión emotiva puede y debe generarse en todos los campos de las relaciones comerciales. Tanto para quien pretende comercializar un artículo de uso personal, un equipo de uso empresarial o un gran contrato corporativo. A nivel mundial los líderes en ventas –*de productos, servicios y hasta de ideas políticas*- saben que para trabajar sinérgicamente con sus clientes o seguidores deben lograr antes la conexión emotiva. La conexión emotiva es la gasolina del automóvil. Con la conexión emotiva –*o evidencia significativa de valores compartidos*- el automóvil de la negociación anda y esto se logra cuando el cliente capta en el asesor un ser humano con puntos de vista y valores similares a los suyos.

### Conectarse emotivamente desde el principio

Partiendo de la base que el servicio es muy bueno, para el cliente tiene más valor el buen trato y la actitud visible de ayuda de quien se inicia, o se presenta por primera vez, que el trato mecánico del que se siente experto. De hecho, los asesores comerciales de éxito en el ámbito mundial reconocen que no es posible causar una primera buena impresión dos veces, así que recuerda que toda conexión emotiva para la venta comienza con un muy agradable contacto inicial.

Si la buena actitud inicial está acompañada con un producto o servicio que representa una solución... ¡Bingo! Ahí hay cliente para siempre. Por lo tanto, cuando el cliente esté frente a ti, en ese primer contacto, aprovecha la oportunidad. Recuerda que además del contrato, el cheque o la comisión, quien está al frente es un ser humano que desea ser escuchado y atendido con dignidad, respeto y cordialidad.

Desde el primer momento calza sus zapatos y trátalo como te gustaría ser tratado. Esa emotividad que genera estupendos actos de consumo comienza con una recepción o inicio agradable. De eso se trata llenar el tanque de gasolina: es cargar de emotividad a la relación.

### ¿Cómo actuar correctamente y crear conexión emotiva desde la primera vez?

### Pasos para la primera presentación personal con el cliente

Siempre debemos sorprender positivamente al cliente desde el inicio. Si el cliente potencial ha tenido la delicadeza de trasladarse a tu lugar de trabajo y ha estado en espera, o viceversa, cuando eres tú quién has estado detrás de cliente durante algún tiempo, el contacto inicial es muy importante; así que no lo descuides. Si hay algún error en el servicio posterior, el cliente lo puede perdonar, lo que le duele es un trato indiferente. Sobre todo al principio.

De acuerdo con estudios sobre las variables que causan impacto positivo en la relación con el cliente, está el recuerdo de un primer buen contacto. A continuación podrás observar como presentarte ante el cliente por primera vez; más tarde obtendrás consejos para que manejes exitosamente la situación y posteriormente conocerás técnicas de inmediata aplicación para comenzar a conectarte emotivamente con tus clientes después del saludo o presentación inicial.

**Cuando estés frente al cliente por primera vez**

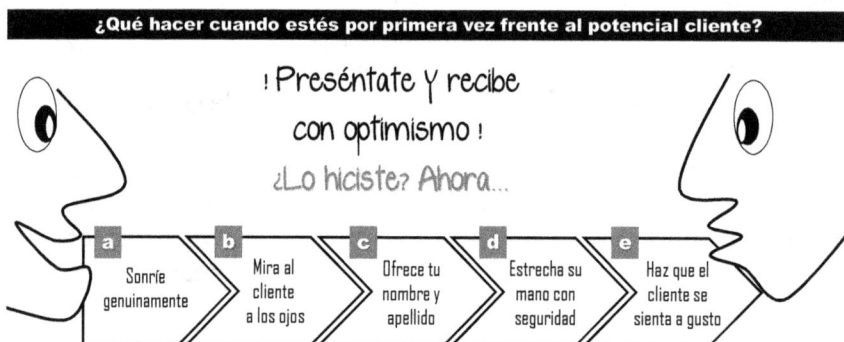

En la gráfica anterior pueden observarse cinco elementos que deben ser tomados en cuenta al momento de abordar a un cliente.

a) **Sonríe genuinamente**: En ocasiones olvidamos la importancia de la sonrisa. Llega sonriendo; una sonrisa sencilla, agradable, cordial; recuerda que tú eres parte de la excelencia y del éxito. La sonrisa es una poderosa herramienta de la gente exitosa. Así sea que estés frente a un solo cliente o estés en una oficina de ventas o trabajes en un mostrador delante de muchas personas dale el chance al cliente de encontrarte relajado, sonriente, feliz. Eso hará que el clima de negociación sea más grato, el cliente baje la guardia y mimetice tu sonrisa.

b) **Mientras sonríes genuinamente, mira siempre al cliente a los ojos:** Olvídate de tu importante celular, mensajes o tus llamadas telefónicas claves. Los primeros minutos frente al cliente pertenecen al él o ella, míralo a los ojos, transmítele confianza sin intimidarlo. Nunca pierdas su mirada.

c) **Ofrece claramente tu nombre y apellido**: Nunca tu primer nombre; mucho menos tu apellido únicamente. Debes ofrecer tu nombre y apellido mirando a los ojos con seguridad y una sencilla sonrisa que genere confianza.

d) **Estrecha la mano con seguridad**: Recuerda que debes buscar la palma de la mano de tu cliente con tu palma, para más tarde estrechar su mano con tus dedos, con seguridad. Ahí generarás de forma gentil y firme uno o dos movimientos verticales. No más. No seamos rudos. No se trata de una demostración de fuerza.

e) **Haz que el cliente se sienta a gusto.** Ten presente que cada cliente es un maestro para todos nosotros. Un ser de quien podemos aprender muchas cosas. Haz que el cliente se sienta a gusto con tu persona. Trátalo con amor. El amor no es una palabra tonta, ni de tontos. Es la energía más poderosa y tú la puedes usar siempre. Está a tu alcance. Uno nunca sabe qué sucede en la vida de la persona que está junto a ti. Sus luchas o tristezas. Con el amor, cariño, amabilidad y tolerancia puedes marcar la diferencia positiva en el día de algún cliente.

Veamos a continuación cinco -05- principios para manejar la cordialidad en el contacto inicial.

1) **La conexión emotiva comienza con la cordialidad**
   **¿Qué significa ser cordial?**

Cordial proviene del latín *Cor-dis*, que a su vez significa «Corazón». Cordialidad significa entonces actuar desde el corazón. De hecho, en la antigüedad, las «bebidas cordiales» eran los llamados elíxires para el alma; las que reconfortaban al ser humano. De modo pues que se es cordial cuando se actúa para reconfortar al otro. Eso es ser cordial: Tratar con amor al otro. Tratar de ser siempre cordial es una filosofía de vida para la relación con uno mismo, propios y terceros. Y curiosamente, de esta raíz latina *Cor*, corazón, proviene también, como hermana, la palabra «Coraje». Este mismo origen nos presenta curiosamente que ser cordiales, y actuar con coraje -*desde la perspectiva de la valentía, el arrojo y no desde la molestia*- no es contradictorio; por el contrario, se complementan. Así que jamás pienses que actuar con cordialidad es asunto de débiles; es, aunque te parezca curioso, asunto de valentía, de fortaleza, de coraje.

## 2) Sé sencillo, humilde. La sencillez nunca te traiciona

Muéstrate sencillo. Un cliente y amigo personal, accionista y alto ejecutivo de una empresa de telecomunicaciones, sostiene que «la sencillez nunca te traiciona». Con esto se quiere decir que la humildad razonable nunca es mal recibida por terceros. Es una acción que siempre te brindará buenos frutos. Por ejemplo, nadie dice de otro individuo: «Esa persona no me agrada pues es sencilla y humilde». Por el contrario –*indica este ejecutivo*- la sencillez «abre puertas».

Cuando el cliente percibe desde el primer contacto la sencillez y la falta de posturas en el asesor, cuando se percata de que éste desea verdaderamente ayudarle, el cliente baja la guardia. Baja la barrera o el «muro de defensa».

## 3) Se tú mismo: no temas parecer vulnerable y deja el control

¿En alguna oportunidad has estado frente a quien hace un culto del hecho de tener la razón? ¿Has estado frente a personas que siempre discuten y contradicen la posición de quien está en un cuadrante distinto a su visión? Esa necesidad de tener siempre la razón, controlar la conversación o situación, o de parecer invulnerable porque «yo todo lo sé», es sencillamente incómodo. Si entras con esa posición a la relación con el cliente, éste te descartará inmediatamente.

La necesidad de controlar todos los campos de la conversación desgasta. Desgasta al asesor, y también desgasta al cliente. Desgasta a todos, tanto profesional como humanamente. Se entiende que el asesor quiere mostrarse experto y conocedor; quiere mostrarse como la mejor opción siempre por su experticia, pero esta situación o actitud de control en todos los campos de las relaciones humanas es dañina, baja las defensas corporales y altera los nervios; así que permítete lucir tal cual eres. Con tus áreas de vulnerabilidad en proceso de mejora. Baja la guardia y relájate. Es mucho más divertido para ambas partes.

> ...La amabilidad abre las puertas que la razón no observa...

Recuerda que el cliente es mucho más perspicaz que tú, y tiene la última palabra. Desde el contacto inicial sé tú mismo y permítele expresar sus ideas aunque creas que ya anticipas lo que te va a decir.

## 4) Sigue el consejo de Frank Sinatra a Tony Bennett

En una ocasión, cuando el famoso cantante de jazz Tony Bennett estaba en sus inicios, conoció a Frank Sinatra quien ya era una estrella mundial; se presentó ante él pues iban a cantar juntos y con un acto de humildad Bennett le comentó a Sinatra que estaba muy nervioso. Ante esta confesión, Sinatra abrió su corazón y le recomendó que no le preocupara el hecho de estar nervioso frente al público. «El público –*indicó la consumada estrella*– te apoya cuando estás nervioso pues sabe que estás ahí para tratar de agradarle. Cuando se percatan de tus nervios –*continuó Sinatra*– te aplauden y te dan ánimos».

Eso mismo ocurre en el campo de las ventas. Si estás nervioso en el contacto inicial, exprésalo tal cual y argumenta tu verdad: estás nervioso pues es un cliente muy importante y no quieres fallar; o porque es tu primera vez en una circunstancia como esa. Cuando te sientas nervioso pues tienes pocos minutos para hablar o hacer una presentación, o estas abrumado pues tienes muchos clientes en espera, sé tu mismo y ¡Exprésalo tal cual con sinceridad! Rompes el hielo y el cliente te dará ánimos, te apoyará y prestará más atención. Tal vez te dará un poco de más tiempo.

## 5) Finalmente, sé amable: La amabilidad abre las puertas que la razón no observa

Del verbo «amar" y del sufijo «idad» –*cualidad de*-, la amabilidad es la cualidad de tratar a otros con amor. Muy relacionado al tema de la cortesía, la sencillez y la sinceridad de la cual hemos hablado en los puntos anteriores, en ocasiones los clientes tienen posturas adversas a nosotros como asesores comerciales, con razones válidas para ellos y que pueden estar no alineadas a tu objetivo de servirles. Si somos amables, la guardia del otro baja, y la gente puede empezar a considerar que podría escucharte, a pesar de haber animadversión de su parte. No dejes de ser amable aún cuando los otros son rudos. La amabilidad abre las puertas que la razón no observa. ¿Cuántas veces hemos aprendido o cambiado de opinión a pesar de tener nuestras razones bien fundamentadas, solo porque alguien nos comenzó a hablar con amabilidad y decidimos abrir las puertas a la revisión de nuestras posturas iníciales?

**Una vez que te presentante...**

**Técnicas exitosas para conectarte emotivamente después del saludo inicial**

Una vez que te presentaste con el cliente, debes continuar con tu objetivo de desarrollar una conexión emotiva. De ser posible, todavía no vendas, aún no ofrezcas precios, prosigue con la idea de conectarte emotivamente. A continuación obtendrás técnicas para lograrlo.

**¿La conexión emotiva es cuestión de carisma personal?**

Si por casualidad algunas personas consideran que la conexión emotiva es un tema de carisma personal, química e identificaciones inmediatas entre el cliente y el asesor, están en lo cierto.

Definitivamente hay personas que tienen una estupenda química como para relacionarse con los otros sin mayor problema. Es casi innato. Se trata de aquellas que son capaces de crear un ambiente grato en pocos segundos, una sonrisa en quienes nunca bajan la guardia y una respuesta positiva en los clientes difíciles. Se deslizan perfectamente en aguas turbulentas y salen airosos. Esos son seres afortunados. ¿Pero qué sucede con el resto de los mortales? ¿No tienen chance de éxito en el ámbito de las relaciones interpersonales?

Hay buenas noticias: aquellas personas que desean tener éxito en el mundo de las ventas a través de la asesoría y no necesariamente poseen esa capacidad natural de conectar emociones rápidamente con los clientes, tienen excelentes posibilidades de éxito en ese sentido. Para comenzar a trabajar la posibilidad de crear esa personalidad o forma de ser empática o trabajar la empatía[1], la clave está en analizar qué sucede y en cuáles circunstancias han sido afortunados y en cuáles no.

## El autoanálisis en los casos de éxito

El autoanálisis es inestimable y llegar a recordar esos momentos de éxito -*papel en mano*- es también muy importante. En este sentido, resulta válido responder alguna de estas interrogantes:

En los momentos en los cuales has logrado éxito comercial o percibiste la presencia de empatía...

- ¿Cómo comenzó la conversación? ¿Con un chiste? ¿Con un comentario?
- ¿Cómo lograste conectarte con el cliente?
- ¿Cuáles elementos rodearon la situación?
- ¿Cuál fue el tema de conversación inicial?
- ¿Qué crees que agradó de ti?
- ¿La conversación surgió a partir de un tema específico? ...¿Un tema de responsabilidad social o deportivo quizá?
- ¿Algo sorprendió positivamente al cliente?
- ¿Cuándo le sentiste realmente interesado?
- ¿Dijiste algo que lo conectó?
- ¿Cómo vestías?
- ¿Estabas solo o acompañado?
- ¿La conexión fue con un hombre o con una mujer?
- ¿Estabas frente a un grupo de clientes?

---

[1] La empatía es un componente básico de la comunicación interpersonal que permite un entendimiento entre dos personas; la empatía es fundamental para comprender en profundidad el mensaje del otro y así establecer un diálogo. En otras palabras, ser empáticos es ser capaces de «leer» emocionalmente a las otras personas.

> ...Definitivamente hay personas que tienen una estupenda química y carisma como para relacionarse con los otros sin mayor problema. ... ¿Pero qué sucede con el resto de los mortales? ¿No tienen chance de éxito en el ámbito de las ventas? ...

- ¿Fue en un ambiente de oficina o en un sitio público?
- ¿Por qué surgió una buena relación con el cliente?
- ¿Fue tras una conversación de temas no relacionados con tu objetivo?
- ¿Fue en un ambiente deportivo?

Recordar esto es importante porque a través del reconocimiento de todas las circunstancias exitosas puedes crear un patrón personal de éxito en los contactos comerciales. Y es que no hay nada nuevo bajo el sol. Simplemente analiza y repite lo positivo. Ese patrón de éxito será tuyo; solo debes multiplicarlo. Será tu fórmula personal de éxito.

**Y también analiza tus errores**

Debes analizar tus momentos de éxito. Sin embargo, también debes hacer el ejercicio en el ámbito de las circunstancias menos favorables. Analizarlas y corregirlas. Nada de «yo soy así», «ese es un problema que no puedo desechar». Cambia esa actitud.

Preguntar a los otros cómo te perciben puede ser también una vía de reconocimiento. Tengo conocidos que ni se imaginaban respuestas como las siguientes:

- «Es que no dejas hablar a nadie»
- «Es que todo lo llevas a tu terreno»
- «Es que no dejas de querer ser el centro de atención»
- «Es que miras mucho al teléfono y el cliente percibe que no le atiendes»
- «Es que por tu miopía o necesidad de enfocar frunces el ceño y la gente te percibe como si estuvieras de mal humor»
- «Es que eres muy joven y te perciben como falto de experiencia»
- «Es que te quedas callado y no opinas»
- «Tus chistes son muy malos»
- «Hablas mucho de tu pasado en otras empresas»

Así pues que entre tu análisis personal de las situaciones afortunadas y las desafortunadas, aunado a una que otra entrevista entre quienes te rodean en el ambiente laboral, puedes hacer un balance y generar tus reglas de contacto. Si tienes confianza con un cliente, no supongas...pregúntalo; sus respuestas valdrán oro. Preguntas como...

- ¿Qué te hizo firmar ese contrato conmigo?
- ¿Por qué me llamas a mí y no a otros?
- ¿En qué puedes mejorar?
- ¿Cuál considera él que son los elementos en los cuales debes esforzarte más para cerrar contratos?
- ¿Hubo algún comentario de tu parte que le impactó y lo conectó contigo?
- ¿Qué le disgusta de ti?

**No inventes ¡Repite tus patrones de éxito!**

A lo largo de estos años apoyando a las fuerzas de venta de las organizaciones he visto casos de éxito relacionados con la creación de climas de confianza inicial muy interesantes. Pero acompañando a esas personas en diferentes escenarios me percaté de que muchos asesores comerciales exitosos repiten y siguen un mismo patrón para conectarse emotivamente con el cliente y crear climas de confianza. Utilizaban una única carta o pocas. Umm... no es tan natural como yo pensaba esta conexión emotiva. Y es que resulta que en diferentes oficinas, en restaurantes, en distintos escenarios, la fórmula de comportamiento de estos carismáticos naturales era casi una repetición. No había mucha naturalidad. Solo era una fórmula. Las palabras de inicio eran las mismas, las frases para acompañar a los comentarios de los clientes eran las mismas, los gestos, las poses, hasta la combinación en sus prendas de vestir eran similares. Hasta la forma de mirar se repetía; y ni hablar de los chistes; no había más de 10 chistes en sus respectivos repertorios.

Las anécdotas relatadas y que sorprendían o gustaban al cliente eran las mismas. Una vez conseguido el clima de confianza, bajaban la guardia, eran muy cordiales y seguían la regla del acompañamiento a las emociones del cliente para crear excelentes negocios.

¡Tamaña sorpresa me llevaba en mis primeros días! La conexión emotiva para hacer que el prospecto de cliente se sintiera en absoluta confianza de los estrellas en negociaciones era solo el producto de una fórmula con un patrón de repetición cuyo margen de éxito ocurría en el 80% de los casos.

Puedes y debes crear tu propia fórmula para crear climas de confianza inicial con el cliente. Ahí las posibilidades del patrón son infinitas. Recuerdo a una excelente asesora comercial cuyo nombre era María A. Dos Pasos de los Ángeles, que facturaba mucho y trabajaba en el área de ventas de una tienda de repuestos para aparatos de refrigeración. Cuando saludaba al nuevo cliente y daba su tarjeta de presentación siempre hacía un breve chiste de su nombre. Decía que estaba a dos pasos de ser angelita y hacia énfasis en los números: «Aquí me tienes –decía con cara de resignación- estoy a dos pasos de ser ángel. ¿Ves? ¿Qué quieres de este angelito? Acto seguido había risas de ambas partes y... ¡listo! clima inicial de confianza creado.

Pero no copies pues no necesariamente la fórmula de otros puede ser tu fórmula de éxito. Los chistes y relatos de otros no necesariamente quedan bien en ti. Simplemente analiza tus comentarios, relatos, momentos y elementos de éxito, y repite. Aplica ensayo y error. Crea tu esquema para crear confianza inicial, posteriormente el servicio de calidad creará resultados sinérgicos evidentes y significativos.

### Puedes actuar como Don Giovanni en 1787

En la famosa ópera Don Giovanni –*Don Juan*- presentada por primera vez en octubre de 1787, Wolfang Amadeus Mozart, su autor, supo expresar perfectamente la dinámica que utiliza todo seductor al mostrar al protagonista como un hombre que para conquistar a sus mujeres -*2016 en total*- lo logra con melodías similares. Don Giovanni, el gran seductor de todos los tiempos, no cambia la melodía entre una y otra mujer; solo cambia la letra y la adecúa a cada objetivo y circunstancia. Ese era el mecanismo de tan afamado seductor, dondequiera que esté, solo cambia el argumento, pero siempre actúa igual –*la misma melodía*-. Ese era su fórmula de éxito; y no tenía por qué cambiarla si le daba resultado para enamorar, enamorar y enamorar. El mecanismo de seducción para Don Giovanni no era improvisado; era una muy probada receta de éxito.

> ...Hacer que el cliente hable sobre sus logros y vivencias, ayuda a crear la conexión emotiva: esa situación de mutuo agrado que dará pie al clima de confianza...

Eso mismo lo puedes hacer tú frente al cliente. Puedes crear tu propio patrón de seducción. Analiza tus expresiones, chistes o comentarios que generan agrado o interés, repítelo para romper el hielo y poco a poco tendrás tu propia técnica para enamorar a tus clientes.

**Mecanismos para crear conexiones emotivas si no eres carismático o chistoso**

Si no eres carismático o chistoso, hay otras fórmulas para crear la conexión emotiva o identificación mutua que dará pie al clima de confianza: La clave de estas modalidades de acción radica en analizar al cliente y su entorno. Veamos alguna de ellas.

Regularmente el cliente tiene historias que contar y ¡las quiere contar! A las personas les gusta narrar sus historias de éxito y tener testigos de ello. Por eso puedes ver que el cliente las enuncia verbalmente o las demuestra: las fotografías, su vestimenta, los premios, las medallas en la pared o en el escritorio son prueba de ello.

La capacidad para establecer la conexión emotiva en ese camino depende de ti al presentarte genuinamente como interesado en conocer sobre esos casos de éxito en la vida del cliente. Así puedes crear un clima de confianza inicial incentivando un comentario del cliente sobre lo que observas en su oficina, su vestimenta, premios, adornos, obras de arte o sus objetos personales.

Esto se realiza dando un breve recorrido visual sobre el cliente y su escenario. Y con el objetivo de conectarte emocionalmente y tratar de crear un clima de confianza, en la medida de lo posible -*y en el momento en el cual lo consideres prudente*- comenta con el cliente sobre:

- Hobbies practicados por el cliente que sean evidentes en el entorno

> El cliente baja las barreras de la animadversión a la venta cuando el asesor le hace saber que reconoce el sacrificio que significa ceder parte importante de su tiempo, aún si el contacto es telefónico....

- Recuerdos de viajes que demuestre en su casa o escritorio
- Fotografías expuestas
- Vista panorámica desde la oficina o casa del cliente
- Estilo de la decoración
- Modelo de automóvil
- Familia e hijos
- Logros académicos

- Ambiente climático
- Prendas de vestir
- Estilos de liderazgo
- Circunstancias agradables

Para iniciar bajo este método el clima de confianza inicial recuerda que a ningún cliente le interesa tu vida. Pregunta y ofrece al cliente la posibilidad de hablar sobre él o ella sobre la base de lo que observas alrededor. Por ejemplo puedes preguntar:

- Cuéntame acerca de este premio que veo aquí...
- Y estos niños ¿son tus hijos? ¿Qué edad tienen?
- ¿Desde cuándo practicas ese deporte?
- ¿Este cuadro lo pintaste tú?
- ¿Estuviste en este lugar?
- ¿Qué te parece la victoria de este equipo el viernes pasado?
- ¡Qué buena la vista panorámica desde este punto!
- ¿Te resultó muy difícil llegar a dónde estás?

Cuando incentives al cliente para que hable de sus gustos y logros hay reglas básicas que no debes olvidar nunca. Entre ellas...

- Escúchalo cuando él comience a comentar sobre sus logros. Son sagrados para él. Estás entrado en su vida. ¡Ahí calla y no hables!
- No hables sobre ti. Tú no eres el centro; tú no eres el importante; el cliente es el centro de la atención. Permite que hable y brille él o ella.

- Mira al cliente a los ojos de manera no agresiva, sino acompañante.
- Asiente durante la conversación constantemente con tu cabeza como si dijeras sutilmente «sí» de manera natural.
- Si consideras dar un aporte de reconocimiento o aprecio sobre lo que escuchas del cliente hazlo; pero desde tu corazón. Nunca seas falso.
- El cliente aprecia un buen comentario de reconocimiento sobre su persona, su apariencia, su look, perfume, su ascenso, su cambio, historia y éxito. No seas un falso halagador.
- Halágale de forma sencilla, y prudentemente hazle saber que conoces o estás consciente tanto de sus luchas como de sus méritos. Todos en nuestras vidas estamos en una lucha por algún ideal e historia. Un sencillo reconocimiento verbal de ello puede resultar un excelente conector emotivo y un excelente impulsador de relatos por parte del cliente. Solo escúchale y deja que se exprese.

Hacer que el cliente hable sobre sus logros y vivencias, ayuda a crear la conexión emotiva: esa situación de mutuo agrado que dará pie al clima de confianza, la sinergia y la relación comercial. Así que desarrolla tu habilidad de comunicador y de escucha. Recuerda siempre ser sincero sobre los comentarios halagadores.

**Consejo...**

Solo trata de conectarte sobre los elementos que realmente te llamen positivamente la atención. De lo contrario el cliente denotará rápidamente lo impuesto o fingido de tu halago o comentario -*y ahí estarás perdido*- así que ya tienes datos para preparar el clima de confianza y generar lo que en el próximo capítulo o paso se conocerá como «Sesión Exploratoria» para construir el trabajo sinérgico hasta el cierre de la venta y el manejo de la postventa que tanto se desea. En general el mapa de tus actividades al iniciar con un cliente es el siguiente:

**Cuando estés frente al cliente no muestres tus productos, precios o servicios sin antes crear una conexión emotiva y clima de confianza**

1. Una vez que te presentaste

3. Y con el clima de confianza creado...

| Para trabajar en sinergia con el cliente | Desarrolla una conexión emotiva | Se abren así las puertas para toda negociación |

2. Ante todo...

## Conexiones emotivas con vientos a favor

En el caso de las ventas reactivas; es decir aquella situación de compra-venta en la cual el cliente acude al proveedor, resulta muy fácil crear una conexión emotiva en el cual el cliente o potencial cliente se siente cómodo, a tal punto que está dispuesto a escuchar qué tienes que decir. Es fácil; el cliente llegó a ti ¿qué más quieres? Trátalo como a un rey y ya tienes los elementos para trabajar la relación a tu favor.

## Cuando los vientos están en contra

La idea del acto sinérgico es agradable y bonita cuando la leemos. A todos nos encanta la idea de trabajar en un engranaje productivo y en constante evolución con el cliente. Pero ¿cómo puede lograrse la creación de un clima de confianza inicial y un proceso sinérgico cuando apenas el cliente tiene cinco minutos para atenderte, está muy ocupado, no te conoce, tiene otras prioridades y realmente en ocasiones la figura de alguien que intenta venderle algo representa una presión incómoda? ¿Estaríamos entrando en el campo de las fantasías y retóricas inaplicables?

Ciertamente la situación se pone un poco más difícil en las ventas proactivas para aquel asesor que tiene que generar ventas a través de llamadas telefónicas o de visitas que se realizan a través el toque de puertas de casa en casa, de oficina en oficina, pateando la calle, o de tienda en tienda en las que nadie le conoce y que caminando todo el día, sabe que va a interrumpir la acción del futuro cliente –*bien sea en su oficina o en su casa*– rogando a Dios que el potencial comprador se encuentre de ánimos para escucharle.

**¿Qué fluye perfectamente en estos casos?**

Recuerda cómo al principio de este capítulo recomendamos la postura natural y la sinceridad desde el primer contacto. Aquí la paciencia del entendimiento es importante y calzar los zapatos del cliente también. El cliente baja las barreras de la animadversión a la venta cuando el asesor le hace saber que reconoce el sacrificio que significa ceder parte importante de su tiempo, aún si el contacto es telefónico. Si ya estas frente al cliente potencial también puedes crear una conexión emotiva si declaras que reconoces su gentileza.

En caso de las ventas proactivas con circunstancias de tiempo en contra aplicar las acciones que se recomiendan en el siguiente gráfico te pueden ayudar:

**¡Conexiones emotivas en momentos poco favorables!**

...Entiende que tal vez seas considerado como un ente perturbador o un "fastidio" para el cliente...

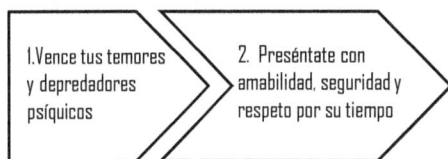

1. Vence tus temores y depredadores psíquicos

2. Preséntate con amabilidad, seguridad y respeto por su tiempo

Por eso, ayuda mucho a crear una conexión emotiva el reconocer verbalmente su amabilidad por su esfuerzo al atenderte brevemente y justifica su gentileza sobre la base de la posibilidad de un beneficio para él o ella...

*Nota: En el capitulo o paso nueve, referente al manejo de las objeciones se tratará con más detalle qué debes hacer en aquellos casos donde se presenta un rotundo «No insistas; no puedo atenderte» como respuesta inicial. La conocerás como objeciones de tiempo.*

## La sinergia productiva

La palabra sinergia proviene del griego «synergos» y significa «*colaborar conjuntamente*» o «*trabajar en conjunto*». En general, este concepto se refiere a los resultados de la cooperación generados por las interacciones entre distintas fuerzas, partículas o elementos en un contexto determinado.

De esta manera, la sinergia podría considerarse como el resultado que dos unidades generan por trabajar de común acuerdo o con visiones similares. Lo interesante de la sinergia es que las partes que interactúan tienden a reforzarse y alimentarse continuamente entre sí, por lo que los resultados son cada vez más productivos y asombrosos. Los buenos matrimonios, las amistades productivas y las buenas alianzas funcionan con sinergia.

## El asesor reconoce la importancia del trabajo sinérgico con el cliente

El asesor reconoce la importancia del trabajo sinérgico con el cliente. No hay otra vía, pues será cuando están ambos en el área de la sinergia cuando se origina la perfecta relación que da resultados asombrosos para ambas partes y definitivamente durará por años. En la sinergia productiva ambos cooperan, se dan datos, modelos, alertas, opiniones y son activos en el diseño de la solución al cliente o la venta del producto más adecuado. Por ello, la creación de la solución o la selección del producto más adecuado es una tarea conjunta y el cierre de ventas no está en los hombros del asesor y cada paso asegura el cierre. Con el trabajo sinérgico, el cliente coopera con el representante de ventas. Con este método no se espera al final para tratar de cerrar la venta. La venta se va cerrando sola poco a poco en cada etapa.

¿Ves por qué es importante lograr la sinergia en ventas? Y todo comienza con una conexión emotiva y un clima de confianza inicial.

Veamos el gráfico que ilustra cómo la sinergia productiva acompaña a todas las etapas de la relación comercial asesor-cliente desde el primer contacto hasta el cierre de la venta, y las posteriores ventas:

## La Sinergia Productiva

**Te protege del trabajo solitario en las distintas fases del proceso de ventas**

Sobreentendidos

Preferencias no indicadas

Malentendidos

Falta de tiempo

| Sesión Exploratoria | Creación de Soluciones | Presentación de Soluciones | Promoción de Soluciones | Cierre de la Venta |

El cliente cooperará contigo para construir su propia solución

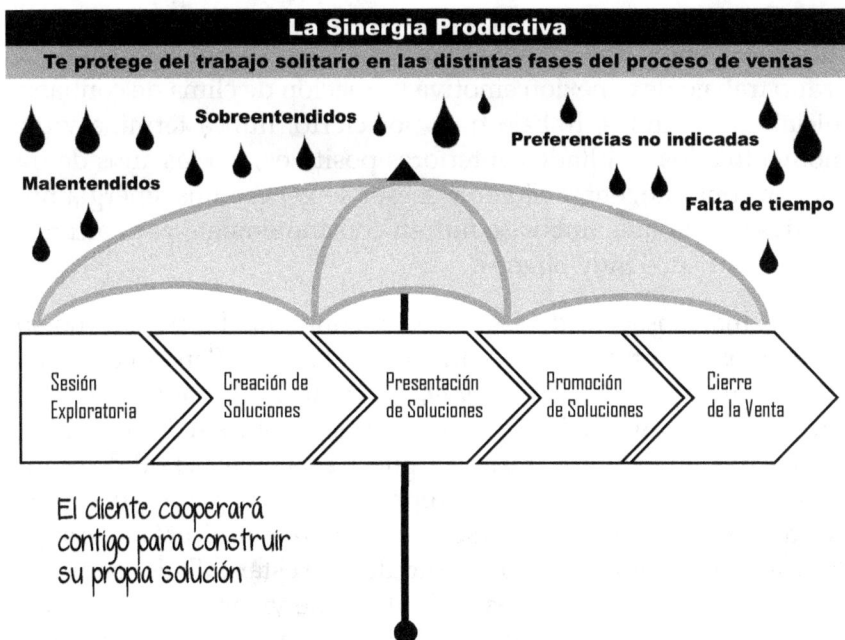

El trabajo sinérgico entre asesor y cliente se basa en que ambos saben lo que puede ofrecer el otro. La sinergia productiva es la burbuja o la cúpula en la cual se generarán de manera cooperante, las distintas fases del proceso de ventas. Veamos algunos ejemplos del trabajo sinérgico en distintas áreas de las ventas:

Existen personas que son capaces de trasladarse a una agencia bancaria que no es la más cercana a su hogar o a su lugar de trabajo, solo porque se sienten más a gusto siento atendidos por algún representante del mismo Banco que trabaja en esa agencia lejana, pues ya le conoce y le tiene confianza. Además, de acuerdo con la percepción del cliente, «ese» representante sí lo atiende bien y lo comprende. Insólitamente se trata de los mismos servicios y productos pues es el mismo Banco, pero tal vez no se trata de los mismos niveles de confianza, la misma conexión emotiva o abordaje a las soluciones financieras por parte del representante comercial. El cliente, por razones emotivas, quiere adquirir un producto financiero, otra cuenta o solicitar un préstamo con «ese» representante. Ningún otro.

Para llegar a ese nivel ideal de trabajo cooperativo, el asesor, ejecutivo de ventas o representante comercial seguramente realizó un arduo trabajo de conexión emotiva y creación de clima de confianza inicial entre ambos, trabajo que, por cierto, nunca termina y que motivado a los resultados anteriores positivos, y a los años de trabajo en conjunto, entre cliente y asesor se generó una sinergia productiva con la que ambos se nutren constantemente para alcanzar niveles de éxitos muy buenos.

Esa misma sensación de seguridad y confianza ha podido no suceder y el asesor o representante comercial del Banco ha podido atender al cliente mecánicamente, sin crear un clima de confianza, sin decir frases agradables a los oídos del cliente, sin darle respuestas que indicaran que el asesor le sigue, y el cliente ha podido sentirse como «un número más». Ese representante ha podido decir: «yo voy a estar muy pendiente de su caso y se lo comunicaré a mis superiores» y no hacerlo, o ha podido limitarse a estar callado, pedir mecánicamente requisitos y despedir al cliente viendo el computador y no su rostro, sin haber hecho el mínimo esfuerzo por conectarse emotivamente con el cliente.

**¿Quién se ganará las comisiones por los créditos otorgados?**
**¿Quién llegará más fácilmente a sus metas?**

Por ese motivo, y dado que el acto de consumo es un acto emotivo y no racional, el cliente se da a la tarea de viajar casi media hora para acudir a la agencia en la que siente que es servido a gusto. La cliente está cooperando con el asesor al trasladarse desde un lugar remoto, posiblemente tras el llamado del asesor. También coopera cuando le ofrece al representante del banco, datos de sus proyectos y realidades para que el cliente pueda generar una solución.

Por ello ¿Quién se ganará las comisiones por los créditos otorgados a través de este trabajo desarrollado sinérgicamente entre las dos partes? ¿Quién llegará más fácilmente a sus metas? ¿Quién le generará más satisfacción al cliente? ¿Quién será visitado por clientes referidos? La respuesta es obvia y la sinergia entre ambas partes puede continuar a límites insospechados y la relación, que comenzó con la apertura de una cuenta corriente, dio buenas comisiones al asesor, puede pasar por cartas de recomendación, la creación de una red de clientes nuevos – *una cartera de clientes propios*- producto de la recomendación del primer cliente satisfecho, el ascenso del representante comercial o una posición estratégica dentro de la organización o del mercado.

### Conexión emotiva en cada encuentro con el cliente

Lograr conectarse emotivamente con el cliente es una habilidad donde el talento para las relaciones humanas no es suficiente. Hay que reforzarla y en el mejor de los casos, afinarla.

Al igual que en el aseo personal, donde todos los días debemos asearnos sin importar que lo hayamos hecho ayer u horas antes, la conexión emotiva debe ser creada y reforzada tanto en el inicio de la relación, como en cualquier otro contacto futuro con el cliente. Nunca debemos contactar a un cliente sin antes conectarnos emotivamente. Esto debería ser así en cada contacto; y en cada encuentro, al menos, se ha de generar un comentario agradable, un saludo muy cordial, una pregunta sobre algún proyecto personal, su familia o viaje hecho a la medida del cliente. Recuerda: comentarios muy relacionados al cliente; nada de genéricos. El comentario genérico lo hace cualquiera. El comentario o conector emotivo hecho basado en la vida del cliente que tienes al frente *–con datos, fechas, eventos que se iban a realizar-* será tu marca diferenciadora. En ocasiones, aún cuando te encuentres con clientes conocidos, frases como:

- «Pedro, quedé muy pendiente del viaje a Europa que ibas a realizar. ¿Cómo te fue?»
- «Cuéntame cómo te pareció la obra de teatro que ibas a ver la semana pasada»
- «¿Cómo sigue tu señora de la operación? »
- «¿Conseguiste el repuesto que dijiste buscabas?»

Tomar nota de los proyectos o circunstancias de cada cliente es válido. Generar un conector emotivo hecho especialmente para ese ser humano será la clave para tu éxito permanente. No te vuelvas gris ante los ojos del cliente.

En el próximo capítulo o paso te explicaremos porqué la conexión emotiva será la energía -*la gasolina*- necesaria para que el cliente colabore contigo en lo que conocerás como Sesión Exploratoria: Una fase vital en tu recorrido.

# Paso 5: Creado el clima de confianza, desarrolla la sesión exploratoria

Cuando en la conversación que empezaste a desarrollar con el cliente hayas creado un clima de confianza y hayas logrado entablar, al menos, una breve conversación agradable en la cual ambas partes estén un poco más relajadas o exista simpatía, cordialidad o sintonía, observarás que el mismo cliente comenzará a darte señales que indican que tienes luz verde para avanzar al próximo paso del contacto comercial.

En ese momento de la conversación, da la bienvenida al espíritu del mercader que está en ti y, con respeto y seguridad, avanza en la travesía del éxito en las ventas con una nueva fase del contacto con el cliente que se conoce como la sesión exploratoria.

La sesión exploratoria es un diagnóstico o breve investigación que tú como asesor le harás al cliente con el objetivo de informarte acerca de su realidad con respecto a los productos, bienes o servicios que comercializas. Así sea que el cliente llega a ti -*ventas reactivas*- o tú vas al cliente -*ventas proactivas*- es necesario realizar, al menos, una breve búsqueda de información –*Qué quiere, para qué lo requiere, que necesita, entre otros*-.

### El momento de iniciar la sesión exploratoria

Sabrás que ha llegado el momento propicio para generar la sesión exploratoria cuando observes que:

- El cliente se siente identificado positivamente con el tema de la conversación con la cual lograste la conexión emotiva y tienes toda su atención
- El cliente se siente a gusto con la conversación
- El cliente se siente relajado hablando contigo y viceversa

...Si el cliente no está claro en lo que necesita, puede navegar en un mar de propuestas de producto en producto, o de servicio en servicio y no tomará ninguna decisión y todos perderán tiempo...

- El cliente aporta y alimenta datos a la conversación con ejemplos, anécdotas, versiones y/o comentarios agradables y, al menos, alineados a los tuyos
- Ves una sonrisa en el rostro del cliente cuando habla contigo
- El cliente te está prestando atención con interés automotivado sin perspicacia extrema
- Al cliente no lo está distrayendo otro tema, evento, persona, reloj, pantalla de la tableta o la computadora, situación o aparato celular
- Es el mismo cliente quien pregunta o habla sobre el tema relacionado a tu cartera de productos o servicios.

La sesión exploratoria es parte de la misma conversación que has mantenido con el cliente desde el saludo y contacto inicial. Desde ese primer ¡Hola! ¡Buen día! Que ofreciste con una sonrisa genuina–*así sea en una conversación telefónica o contacto a distancia-* y/o estrechaste su mano. Es una fase del dialogo que estás generando con el cliente, quien por supuesto está ya un poco más calmado pues hiciste un trabajo de creación de clima de mutuo agrado como se mencionó anteriormente -*bien sea a través de chistes, comentarios agradables, historias de éxito o reconocimientos personales-*.

**Si quieres ser preciso y triunfar en ventas, no desestimes la importancia de tomarte un breve tiempo para conocer a tu cliente**

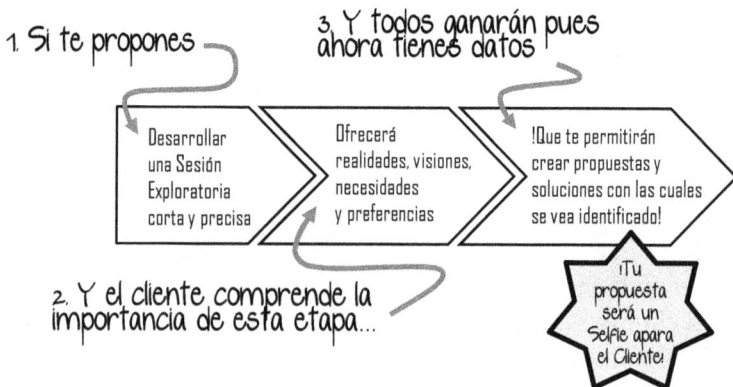

1. Si te propones

3. Y todos ganarán pues ahora tienes datos

Desarrollar una Sesión Exploratoria corta y precisa

Ofrecerá realidades, visiones, necesidades y preferencias

¡Que te permitirán crear propuestas y soluciones con las cuales se vea identificado!

2. Y el cliente comprende la importancia de esta etapa...

¡Tu propuesta será un Selfie apara el Cliente!

Con la sesión exploratoria tú, como asesor, podrás determinar aspectos importantes relacionados al cliente para asesorarlo correctamente tales como:

- ¿Quién es la persona que está frente a ti?
- ¿Se trata de un cliente objetivo?
- ¿Es un cliente para ti?
- ¿Qué necesita?
- En caso de solicitar o sugerir algo específico, aquello que solicita, ¿Solucionará su problemática? ¿Le ayudará? ¿Existen otras opciones para el cliente?
- Dentro de tu portafolio de productos… ¿Qué beneficiaría más al cliente?
- ¿Puedes ofrecerle más de un producto o servicio a la vez? –*ventas cruzadas*–
- Cuál es el nivel predeterminación o no -*por parte del cliente*- hacia la compra de un producto, marca, o línea de producto específico y por qué
- Cuál es la experiencia del cliente en cuanto al uso de los productos que ofreces
- Capacidad o posibilidades de pago del cliente
- Capacidad de Inventario
- Flujo del inventario

**De ahí se obtendrá:**

- Qué vas a venderle
- Cómo vas a venderle
- Cuánto vas a venderle
- Por qué vas a ofrecer determinado producto
- Plan de ventas al cliente con base en las necesidades captadas

- Primer objetivo de ventas -*Qué debería adquirir dentro de tu portafolio, al menos en un comienzo*-
- Productos o servicios accesorios a ofrecer

## Si solo tienes un producto en tu portafolio

Si acaso solo tienes para vender un tipo de producto, bien o un servicio, también te resultará útil desarrollar la sesión exploratoria con el cliente pues obtendrás de su propia persona informaciones útiles, datos y argumentos que, basados en la vida y experiencia del cliente, constituyan motivadores de compras que expresarás en el momento de la presentación y promoción, para visualizar detalladamente al cliente gozando de beneficio del único producto o servicio que tienes en tu portafolio con datos a su medida y así impulsar el cierre de la venta.

## Los vendedores que nunca cierran ventas

En muchas ocasiones un vendedor tradicional puede ser muy simpático pero poco efectivo. En el mejor de los casos podría no estar aprovechando en su totalidad la potencialidad comercial de venta en su cartera de clientes y tiene entonces muchos clientes de pocos pedidos, mucho tiempo invertido en contactos y contactos sin que llegue a las metas esperadas con lo cual podría estar experimentando el síndrome del mal insecticida, el cual marea a los insectos pero no los acaba. Eso mismo ocurre en las ventas, existen muchos vendedores o aspirantes a vendedores que consideran una pérdida de tiempo invertir en conocer un poco más al cliente. Quieren llegar al éxito que sueñan sin pasar por el proceso. Por ello nunca cierran ventas: no ejecutan acciones para conocer al cliente y tan solo muestran productos.

## De no querer el proceso sino el resultado

Benjamín Franklin decía que mucha gente envidia el resultado exitoso, mas no el proceso. Un grave error de muchos vendedores es comenzar a ofrecer los servicios de su cartera sin haber transitado previamente por la creación del clima de confianza y muy a pesar del esfuerzo hecho, sin haber hecho la sesión exploratoria al cliente en la cual el asesor tendrá la oportunidad de reconocer las oportunidades de servicio que tiene para con él.

## Como herramienta de ventas en todos los sectores económicos

La sesión exploratoria se puede aplicar en todos los campos de las ventas en los distintos sectores de la economía. Inclusive y especialmente en el tuyo; en el cual te desempeñas. ¿Qué harías con todos los datos anteriores? ¿Crees que te servirían de algo?

Todos los sectores económicos son susceptibles de crecer comercialmente a través de esta herramienta *-la sesión exploratoria-* pues todos y cada uno poseen clientes ávidos de ayuda, asesoría, y de tener asesores que, capacitados para conocer al cliente, les den consejos útiles, diseñen soluciones a la medida y le ayuden a salir de un problema, inquietud o proyecto de vida *-profesional o personal-*. Todos los clientes necesitan asesores.

## Otro valor agregado de la sesión exploratoria: El cliente se escucha y se centra

En ocasiones el cliente tiene confusión entre lo que quiere y lo que necesita *-haciendo perder tiempo a todos-*. Muchas veces solicita algo y lo requerido no necesariamente es lo que solucionará su problema. Esto ocurre porque tiene modelos preestablecidos de productos o servicios que le gustaron, pues lo vio en otra empresa, otra persona u otro hogar, pero que no necesariamente funcionarán o calzarán en su situación particular porque su esquema mental está enmarcado en un mundo ideal. Uno de los valores agregados de la sesión exploratoria es que el asesor puede definir qué tiene en mente el cliente *-centrarlo-* y será el asesor, dada su experiencia el responsable de aclarar con perfecta delicadeza, claridad, seguridad o asertividad que si lo solicitado efectivamente sirve. Esto se empieza a reconocer con unas sencillas preguntas:

- A ver ¿Qué tienes en mente?
- ¿Cuál tipo de producto buscas?
- ¿Por qué buscas algo como esto?

## Ayuda a descubrir los motivadores de compra particulares de cada cliente

Se entiende como motivadores de la compra a aquellos aspectos o elementos que impulsan al cliente a comprar o adquirir un producto, bien, o servicio. Estos motivadores de compra pueden ser:

- Los aspectos tangibles del producto –*su manufactura, características o beneficios técnicos*- o,
- Los aspectos intangibles del mismo –*aquellos atributos o cualidades del producto o servicio que sólo están en la mente del cliente, pues se trata de atributos de status proyectados por el cliente al producto, satisfacciones muy particulares, requerimientos aspiracionales o necesidad de pertenencia a grupos de referencia de éxito que alcanzará al adquirirlo*-.

¿Quieres reconocer una clave fundamental del éxito en tus ventas? Descubre ambos motivadores de la compra de cada cliente en particular. Eso lo logras con la sesión exploratoria. Trata de descubrir tanto los motivadores técnicos como los humanos. Es decir: qué requiere a nivel técnico, y qué desea lograr o cómo quiere ser visto como persona ante él mismo y ante terceros con el uso del bien o servicio a adquirir.

### Esta práctica en los asesores exitosos

Dado que el acto de consumo es emotivo y no racional, los asesores comerciales realmente triunfadores en el campo de las ventas destacan la importancia de reconocer al cliente en su mayor amplitud, por lo tanto, tienen como principio de acción reconocer tanto los aspectos tangibles como los intangibles.

Jamás dejan de hacer la sesión exploratoria e investigar sobre ambos aspectos; siempre tratan de descubrir los motivadores de la compra, tanto técnicos como humanos, de cada cliente que está frente a ellos. Saben que ningún cliente es parecido a otro. Aún cuando comercializan productos manufacturados genéricos, retail, alimentos y bebidas, textiles y vestidos, seguros, servicios financieros, servicios de telecomunicaciones o productos de consumo masivo, tienen presente que el cliente compra por la emoción y el significado de ese bien, producto, o servicio en su vida y no siempre por la razón o las cualidades técnicas.

| Para reconocer los motivadores tangibles del cliente, debes saber... | Para reconocer los motivadores intangibles del cliente... |
|---|---|
| • Quién es el cliente que está frente a ti<br>• A qué se dedica<br>• Cuáles son sus objetivos técnicos<br>• Qué requiere del producto<br>• Para qué lo requiere<br>• Para quién lo requiere<br>• Cuánto requiere<br>• Cómo lo requiere<br>• Características técnicas del producto, bien o servicio requerido<br>• Sistema de implantación o uso ideal desde su perspectiva<br>• Utilidad y resistencia requerida –por qué-<br>• Dónde será utilizado<br>• Versatilidad técnica requerida<br>• Qué, a juicio del cliente, justificaría un precio alto del producto a comercializar en relación a las cualidades técnicas del producto o servicio solicitado o de su potencial interés<br>• A nivel técnico o práctico de su vida diaria, cuál situación crítica, incómoda, o desagradable requiere superar | • Observa los aspectos humanos de la persona que está frente a ti<br>• Trata de describir su personalidad<br>• Pregúntale acerca de sus retos personales<br>• Porqué, a nivel humano, le gusta o le interesaría el tipo de producto o servicio que ofreces<br>• Junto a quien disfrutaría el beneficio de esa compra<br>• ¿Está en alguna etapa crucial de su vida?<br>• Qué le cansa, fastidia o detesta con respecto al uso o no uso del tipo de productos que comercializas<br>• Qué le gusta, admira o anhela en su vida<br>• A qué tipo de personas admira el cliente<br>• A cuál grupo desea pertenecer o cómo quisiera ser visto por propios y terceros<br>• Que, a juicio del cliente, justificaría un precio alto del producto a comercializar<br>• Cuál tipo de empresa admira o quiere llegar a lograr o pertenecer<br>• Cuál es su modelo o referente de éxito en relación al mundo que rodea al producto o servicio |

Cada pregunta se debe hacer para saber qué motiva la compra, tanto técnica como emotivamente. La batería de preguntas es tu herramienta de trabajo; así que además de adecuar las interrogantes anteriores a tu área de desempeño, necesitarás crear algunas preguntas que estén mucho más cercanas al tipo de producto, bien o servicio que tú comercializas.

### Sobre el lugar de la entrevista

No hay lugar o circunstancia definida para la entrevista o conversación con el cliente. La sesión exploratoria puede hacerse en un mostrador, tomando café en una fuente de soda, en el escritorio, o en cualquier sitio donde tú puedas escuchar con los «cinco sentidos» al cliente. Sea ésta una brevísima conversación donde se intercambian brevemente algunos aspectos claves tanto a nivel técnico del requerimiento o propuesta, así como los aspectos emotivos personales que deseas conocer del cliente.

### Sobre el tiempo de la entrevista

La sesión exploratoria es una entrevista corta, concisa y amena que el asesor realiza al cliente. Puedes manejarla como una conversación ligera. El asesor no debería extenderse en esta fase, más allá de lo estrictamente necesario, por lo que debe seleccionar bien las preguntas.

### Para entrar en la fase de la sesión exploratoria: Imagina que eres un famoso director de orquesta

Imagina que eres un reconocido director de orquesta de música clásica –*Bel canto, por ejemplo*– y en un concierto multitudinario, logras mantener como preludio, una armonía con instrumentos de cuerdas, de viento y de metales, y que cuando los oyentes se encuentren encantados con esa delicada música de base con la cual iniciaste la obra musical, des pié a que una hermosa voz femenina comience a ofrecer una melodía que enamora más al público y éste quede prendado de esa melodía, con el apoyo del trabajo de la orquesta. Sabes como director que la cantante debe entrar para brillar; nunca para desentonar. En música, se entiende que la armonía y el ritmo son la base de la melodía, y ésta última es lo que cantamos mientras estamos en la ducha o a solas.

Así mismo, de manera muy coordinada *-en tu rol de asesor del cliente-* debes introducir la sesión exploratoria *-la melodía de la cantante-* en la conversación que estás desarrollando con el cliente, sin desentonos, sin cambios bruscos, sin posturas físicas

> ...Si unes la fase de la creación del clima de confianza con la fase de la sesión exploratoria, sin que el cliente esté consciente de ello, sentirá que no está avanzando pues el proceso sólo está en tu mente...

o frases con las cuales el cliente se sienta manipulado. Debe ser una nueva dimensión de la interacción, de total agrado para el cliente.

## El cliente debe saber que va a entrar a una nueva fase de la conversación

El tiempo de paciencia del cliente es muy corto. No hay que quedarse enganchado alimentando el clima de confianza que iniciaste con una estupenda sonrisa. Ya sabemos que la sonrisa es muy importante pero ésta no basta para que el cliente comience a colaborar sinérgicamente contigo.

Así que ya sabes: Sonrisas, amabilidad, cordialidad, conexión emotiva con temas de común interés, conversación donde ambos aporten y se sientan identificados, creas clima de confianza y al sentir correspondencia ¡Avanzas con seguridad al próximo nivel de la conversación con el permiso del cliente! El cliente te agradecerá esta fórmula, que le anuncies el cambio y también agradecerá que estés valorando su tiempo.

Si unes la fase de la creación del clima de confianza con la fase de la sesión exploratoria, sin que el cliente esté consciente e informado de ello, sentirá que el contacto no está avanzando, considerará que está todavía en la fase del saludo, comenzará a inquietarse y pensará que tú no vas al grano. Con ansiedades el cliente no va a colaborar contigo. Tú necesitas a un cliente colaborador.

> ...Para el cliente, la sesión exploratoria, sin anuncio previo sobre su realización, importancia, beneficio y cálculo de tiempo, resulta interminable y angustiosa...

Para evitar ansiedades, pre concepciones y pérdidas del interés, esta nueva fase debes iniciarla con preguntas o comentarios agradables, sutiles –*como la melodía de tu cantante del bloque anterior*- pero de manera firme y segura tales como…

- «Seguiría conversando contigo pero no quiero robarte más tiempo, sé que estás apurado… ¿Te parece que hablemos de negocios? ¡Tengo novedades para ti!...»
- «Después que te explique las razones de mi visita, si deseas, acordamos las vías para enviarte material sobre esta conversación previa…pero en relación al punto que me trae aquí…»
- «Mira, conversar contigo ha resultado una grata sorpresa, pero me van a acusar de ser un consumidor de tiempo para el cliente. Y no quiero que tú me etiquetes de esa forma…»

**El cliente puede ayudarte y cooperará en tu sesión exploratoria: El caso del vuelo desde Argentina a Miami.**

Ciertamente, el tiempo del cliente es muy corto para atenderte y responder a tus preguntas, y su margen de paciencia es aún menor pues tiene muchas cosas que hacer. Tú, como vendedor, representas muchas veces una interrupción o un «mal necesario» ante sus ojos. Por ello puedes hacer que el cliente se tranquilice y, en ocasiones, podría colaborar en el desarrollo de tu sesión exploratoria haciendo de esta una experiencia de intercambio de información grata y útil para ambas partes.

Para ahondar sobre esta posibilidad de cooperación por parte del cliente, ante la aparente inútil y fastidiosa sesión exploratoria, voy a relatar un suceso que para su momento resultó muy complicado de manejar. Yo regresaba de participar en una conferencia gerencial que se llevaba a cabo en Buenos Aires, Argentina. Mi próximo destino sería Miami, Estados Unidos. Durante el vuelo se presentó una muy difícil tormenta en el espacio aéreo brasileño, en la selva tropical de Manaos. El nivel de nervios de los pasajeros era muy grande y la tempestad parecía interminable. Particularmente sobrellevé la situación con varios vasos de whiskies como mecanismo de sobre-vivencia. Todo resultó muy bien y aterrizamos primero en Caracas, Venezuela, y luego perfectamente en Miami. Afortunadamente te-níamos un excelente piloto… y varias botellas a la disposición.

Al año siguiente participé para la misma época, en la misma con-ferencia gerencial de Buenos Aires, ahora con otros conferencistas. El regreso a Miami fue con otra línea aérea y tuvimos que hacer la misma ruta. Por supuesto, recordaba con angustia la tormenta y temía que se repitiese la situación. Sin embargo, ocurrió algo muy bueno: antes de comenzar a volar, el piloto anunció que a los 45 minutos del vuelo, se presentaría una tormenta tropical en Manaos y la turbulencia duraría aproximadamente veinte minutos, y que después de ese período tendríamos un vuelo muy agradable. Indicó que era una situación normal para la fecha y que todos los años la situación era similar. Nos previno, dio ánimos, bromeó con la situa-ción por suceder, y cada cierto tiempo durante la tormenta enviaba un mensaje de tranquilidad con uno que otro chiste. Todos estába-mos preparados y cooperábamos unos con otros para sobrellevar el proceso.

**Ese mismo principio, pero en las ventas**

Para el cliente, la sesión exploratoria, sin anuncio previo sobre su realización, importancia, beneficio y cálculo de tiempo, resulta in-terminable y angustiosa. Pensará seguramente que tú estás tratan-do de «conocer» aspectos que no te incumben como vendedor y, en el mejor de los casos, te dará respuestas escuetas, algunas falsas, o te rebotará rápidamente. Es simple: no reconoce la importancia de la sesión exploratoria para su beneficio.

Tanto en ventas reactivas como proactivas, si quieres que el cliente colabore contigo en la obtención de información para la buena ge-neración de soluciones a la medida, haz como el segundo piloto y no como el primero que llevó la carga de la angustia él solo. Por ello se recomienda para que tu cliente se tranquilice y colabore:

- Anunciar al cliente que como su asesor vas a hacerle algunas **breves** preguntas para presentarle el mejor producto, servicio o salida a su problemática.

> Cada tipo de producto o línea de productos o servicios que puede ser comercializada para el uso personal tiene preguntas orientadas a conocer a la persona

- Indicar que si no tienes algunos datos, la solución no sería a la medida o sería una solución estándar.
- Enfatizar en la importancia de su colaboración en esta sesión exploratoria para el trabajo sinérgico o en conjunto.
- Preguntarle sobre su acuerdo y comprensión de la importancia de esta fase.
- Invitar al cliente a informar sobre aspectos relacionados con la situación a mejorar relacionados con experiencias, gustos, modelos que le atraen, situaciones ideales, experiencias gratas, entre otros aportes que te ofrezcan luces para la construcción de una solución grata y verdaderamente satisfactoria aun cuando en la sesión exploratoria tú no las hayas preguntado.

## ¿Cómo se estructura una sesión exploratoria?
## ¿Cómo hacer un buen diagnóstico?

Si bien es cierto que la sesión exploratoria es básica para la consecución de una sinergia productiva entre el asesor y el cliente, esta experiencia informativa o diagnóstico al cliente debe estructurarse sobre las bases del producto o servicio que ofrece el asesor. Dependiendo del tipo de industria en la cual se encuentre el asesor, este deberá generar una lista de preguntas que dentro de una visión sistémica[2] otorguen al asesor una panorámica de la realidad del cliente.

En una sesión de entrevistas con varios médicos reconocidos por su buen diagnóstico se presentan algunos *tips* que sin duda te servirán:

- Observa con los «cinco sentidos»
- No abordes a los clientes con ideas preconcebidas de tu parte
- No juzgues al cliente; solo diagnostícalo
- Pregunta sobre casos de irregularidad y disfunción –*cómo, cuándo y porqué ocurrieron casos de disgusto o no éxito*–

---

[2] Visión sistémica también conocida como Visión Holística, se refiere a la capacidad del analista –*en este caso el asesor*– de ver al objeto de estudio –*en nuestro caso al cliente*– como un solo objeto con partes interrelacionadas buscando un solo y único propósito, y no como un conjunto de partes separadas.

## Factores de compras

Cada persona es única pero a su vez tiene varios roles: ciudadano, padre, profesional, amigo, hijo, vecino, etc. Como cliente, también ocurre lo mismo. Los seres humanos al momento de comprar tenemos varios tipos de roles, y en ocasiones acudimos o somos visitados para obtener/recibir datos de productos o servicios desde tres perspectivas o factores de compras:

- Factor personal –*compras para sí mismo u otras personas como individuos*-
- Factor familiar –*compras para su familia como grupo*-
- Factor profesional o empresarial –*compras para que la empresa u organización siga funcionando, funcione mejor u ofrezca un servicio de mayor calidad*-

A continuación se presentarán mecanismos para que obtengas, en tu rol de asesor del cliente, mejores resultados en la sesión exploratoria en cada uno de los factores de ventas anteriormente señalados.

## Factor personal

Existen productos, bienes o servicios que son de uso personal. A nivel de productos manufacturados podemos encontrar desde prendas de vestir, perfumes, anteojos y monturas, productos para la salud y cuidado personal, aparatos deportivos, joyas, teléfonos, artefactos eléctricos y electrónicos, música, libros y licores, entre muchos otros por supuesto. A nivel de servicios podemos ubicar cuentas bancarias y sus instrumentos financieros como tarjetas de crédito, fondos de jubilaciones, o también servicios de protección, como previsión de salud, seguros de vida y otros.

De ambos grupos –*productos manufacturados y servicios*- existen líneas que podrían ser adquiridos para uso personal. Es decir, para ser usados individualmente. Si entre los productos o servicios que comercializas cabe la posibilidad de que se adquiera para uso y disfrute individual, puedes desarrollar una batería de preguntas que te servirán para reconocer:

- El objetivo de compra
- Si la persona solicita lo que realmente le conviene o le generará una solución
- Características y realidades de la persona y su estilo de vida tales como si es deportista o sedentario, sociable o introvertido, tiene inclinación o no por lo exclusivo, fanático de las últimas generaciones de la moda y de lo que se está usando en el mercado, obsesivo o no por el control del futuro y el control financiero, amante del bienestar y la comodidad, apasionado por las últimas generaciones tecnológicas, profesional en ascenso, referentes de éxito, modelos de personas exitosas, o hasta a quien quiere agradar, por ejemplo.

Estas características y realidades servirán, además de ayudarle a la mejor selección, como argumentos de ventas que tú utilizarás para generar ante el cliente, descripciones de situaciones agradables y demás visualizaciones donde el cliente esté usando y disfrutando el producto o servicio que le ofreces, con lo cual justificarías a ojos de la persona que está frente a ti, la compra de lo que planteas como solución. Acerca de este último punto trataremos más profundamente en el capitulo o paso 7 referido a la presentación y promoción de las soluciones.

### ¿Qué preguntar al cliente si comercializas productos o servicios del factor personal?

Cada producto o línea de productos o servicios que puede ser comercializada para el uso personal tiene preguntas orientadas a conocer a la persona, con lo cual podrás determinar cómo se mencionó anteriormente la mejor opción a la medida. Dentro de tu ámbito o productos de comercialización ¿Cuáles de las siguientes preguntas consideras que servirán para conocer a tu cliente?:

- ¿A qué te dedicas?
- ¿Qué producto o tipo de producto deseas?
- ¿Qué deseas hacer con él?
- En el caso solicitar un producto ¿Para qué vas a usar este producto en particular?
- ¿Tienes alguna marca o modelo en mente que te guste?

- ¿Cuándo o con cuanta frecuencia lo vas a utilizar? ¿Alguna fecha especial o evento en particular?
- ¿Donde lo vas a utilizar? - *lugar físico, ubicación geográfica, país-*
- ¿Será de uso continuo o esporádico?
- ¿Quiénes te verían utilizando?
- ¿Te interesan las marcas?
- Dentro de esta línea ¿Cuáles son tus marcas favoritas? ¿Tienes alguna preferida en particular? ¿Por qué?
- ¿A quienes quieres impresionar positivamente en tu vida y te encantaría que te viera usando o adquiriendo este producto o servicio? *–y por qué-*
- ¿Con quién compartirías este producto o servicio?
- ¿A quién no quieres fallar?
- ¿A quién admiras? *-Referentes de éxito o modelos de personas exitosas en tu familia o cercanos-*
- ¿Cuál es tu concepto de fracaso o gente perdedora? *-A quien o a cual tipo de persona no quiere parecerse-*

Las anteriores interrogantes, provenientes de los motivadores de compras técnicos o tangibles y los motivadores de compras intangibles, son solo algunas de las muchas preguntas que puedes hacer a tus clientes si comercializas líneas de uso personal, con los cuales podrás generar la solución ideal. En la conversación con el cliente utiliza solo algunas de las preguntas anteriores.

Recuerda que eres un asesor; no un vendedor *tomapedidos*. Los asesores no engañan ni sobrefacturan. Ten presente que los asesores del cliente son personas que viven de su prestigio y buen nombre, son personas cuya ética y nivel de confiabilidad jamás podrán estar en entredicho, por lo cual, como estás tratando con elementos íntimos del cliente como ser humano, todo lo que digan, o describan de sí mismos *-realidades, cualidades, gustos, esperanzas y referentes de éxito, felicidad o de tristeza-* nunca podrán salir de ti.

**Motivadores de compras dentro del factor personal**

Las personas como clientes-objetivo en las diferentes industrias son mercados muy atractivos. Nuestros esquemas de compras como factor personal *-compras para nosotros mismos-* se balancean entre la necesidad de compra, el *ego,* las referencias de éxito, la satisfacción personal y la verdadera necesidad de adquisición. Es decir, entre el Yo quiero adquirirlo y ¿Lo necesito?, y, por otra parte, la capacidad económica de comprarlo. Dado que el acto de consumo es un acto emotivo y no racional, cuando se trata de nosotros mismos, en la medida que podamos, si se puede y cuando se pueda, pagamos un poco más por un producto de «nuestros sueños» y argumentamos frases como:

- «Siempre lo he querido»
- «Yo lo merezco»
- «¿Para cuándo voy a dejarlo?»
- «Esta vida necesita de algunos gustos»

Si dudas de lo anterior podrás pensar que como padre, madre o miembro de una familia, el presupuesto es limitado y jamás un cliente responsable esgrimirá los argumentos anteriores para comprar algo para sí mismo, si no es necesario o se sale del presupuesto. Puede que sea cierto pero piensa en un solo momento en tu padre, madre, esposa, hijo o hija en su nivel personal...Deseas comprarle algo para su uso y disfrute personal *-y no es que se trata de actos irresponsables de arruinar la cuenta bancaria-* pero ¿Acaso no pensarías lo mismo ahora enfocados en ellos?

Imagina que vas a comprar algo para un ser muy querido *–imagínalo-* ¿Quién sería? Seguramente vas a invertir o a gastar *–hasta más de lo que puedes-* pues...

- «Siempre lo ha querido» *–siempre he querido dárselo-*
- «Lo merece»
- «Para cuándo voy a dejarlo» *-Quiero darle ese gusto en vida-*
- «Esta vida necesita de algunos gustos» *-Le voy a sorprender y quiero ver su rostro alegre cuando lo reciba-*

En el factor personal se mueven muchos sentimientos internos y se crean compromisos emotivos.

## Frases para apoyar al cierre de la venta dentro del factor personal:

Siempre y cuando sea tu propuesta una verdadera solución para el cliente, además de vincular los atributos técnicos con la satisfacción a la necesidad previamente expuesta, recuerda utilizar para el cierre de la venta de productos y servicios del factor personal, frases cerradoras provenientes de los motivadores intangibles de compra para el cliente como persona: el *ego* y las referencias de éxito.

- «Por lo que me cuentas, siempre lo has querido»
- «Has trabajado mucho… ¿Crees que lo mereces?»
- «Por lo que me contaste estás ascendiendo en este trabajo tras mucho esfuerzo…permítete que te vean como el triunfador que eres; ¿Recuerdas a las personas quienes comentaste que admiras? ¿Se alegrarán por este logro? ¿Te gustaría ser visto como un triunfador? ¿Proyectas éxito con este producto? »

Como asesor del cliente tienes muchos elementos para conocerle y argumentar o justificar la compra. Sin caer en el engaño, las personas somos más felices cuando hacemos una buena adquisición cuando se trata de nosotros o nuestros seres queridos –*siendo la más costosa o no*-. Pero ten cuidado; no juegues con fuego; no caigas en el plano del vendedor de hielo que asegura poder venderle hielo al esquimal de quien hablamos en el primer párrafo del paso 1. No engañes y emociones al cliente para comprar lo más caro. Recuerda vender en los zapatos del cliente.

### Factor familiar:

Si tu producto o servicio tiene algún impacto positivo en la vida familiar de tu cliente, bien sea porque estás comercializando bienes raíces, mobiliarios y equipos electrónicos para el hogar, autos, viajes y turismo, seguros, productos financieros familiares, entre otros, las preguntas que podrías generar al cliente tienen como objetivo obtener datos de la vida familiar del cliente para que al momento de argumentar el porqué el cliente debería adquirir tu producto o servicios, tengas herramientas y conocimientos de elementos muy relacionados al cliente que puedas relacionar para generar la visualización del cliente con el uso de tu producto o servicio, o siendo beneficiado por estos pero ahora como «protector» del grupo.

Para elaborar la sesión exploratoria del factor familiar se presentan algunas de las preguntas que podrías hacerle al cliente son las siguientes:

- ¿Qué tanto conoces de estos productos que solicitas –*o que te muestro*-?
- ¿Sabes cómo este producto o servicio beneficia y/o protege a tu familia?
- ¿Cómo está compuesto su grupo familiar?
- ¿Tiene hijos? Edades, hobbies
- ¿Quién trabaja en tu familia?
- ¿Por qué te gustaría tener este producto o servicio en casa?
- ¿Quién se verá beneficiado con este producto/servicio en su hogar?
- ¿Su hogar se ubica lejos del sitio de trabajo?
- ¿Quién le atiende en caso de emergencias médicas?
- ¿Cómo se comparten las responsabilidades de la casa con sus aficiones personales?
- ¿Tienes un presupuesto estimado para este producto o servicio? ¿Cuál sería un límite razonable?

**Motivadores de compras en el factor familiar**

En el factor familiar, el ego y las referencias de éxito –*motivadores para la compra de los productos personales*– desaparecen y los elementos motivadores que más influyen más al momento de invertir para comprar un objeto, bien o servicio de uso y disfrute familiar son:

- Bienestar y felicidad del grupo -*el cliente imagina relajamiento y caras sonrientes*-
- Rentabilidad dentro de los límites del presupuesto y la buena calidad
- Protección para los miembros de la familia mientras se usa
- Utilidad y resistencia –*un producto para toda la vida*-

Así que si quieres calzar los zapatos de quien requiera de tus servicios de asesoría en esta línea, al momento de presentar y promocionar tus productos o servicios no olvides indicar:

- «Esto sin duda hará muy feliz a tu familia y jamás lo olvidarán»
- «Dentro de los productos de excelente calidad, este está entre los de mejores precios para ti»
- «Con este producto o servicio podrás estar tranquilo: tu familia está asegurada de cualquier peligro en cuanto a su aplicación o uso»
- «Este producto es para toda la vida y además tiene una excelente garantía»
- «Este producto está un poco fuera de tus límites de gastos expuestos por ti... pero quiero que observes bien todos sus beneficios actuales y futuros, y cómo ahorrarás a la larga»

*Recuerda: Sin engaños o creación de falsas expectativas. Ponte en el lugar de ese padre o madre de familia que desea obtener la mejor opción. ¿Qué sucedería si, después de conocerte, como cliente del factor familiar, te mostraran oportunidades para su beneficio actuales y futuro y protección a un presupuesto razonable, con ejemplos y visualizaciones basados en tu vida?*

**Factor profesional**

Si tus productos o servicios causan impacto positivo en la vida profesional del cliente, siendo éste un profesional *independiente*, una microempresa, PYME o gran empresa o institución pública, debes buscar información y argumentos de justificación de ventas obtenidos desde su mundo profesional, como por ejemplo: objetivos, mercado, estrategias, tipos de clientes, ámbito de acción, marco de experiencias o planes de expansión o crecimiento.

En el caso de que seas un asesor en el sector financiero, tecnológico, seguros empresariales o estés vendiendo asesoría legal o tramitaciones para la empresa, la sesión exploratoria te dará argumentos para relacionar tus servicios con la vida profesional del cliente.

> La sesión exploratoria tiene como objetivo reconocer cuales son los productos o servicios que vas a vender y obtener información sobre los verdaderos motivadores de compra de los distintos tipos de clientes

La calidad de las soluciones y la calidad de la argumentación serán superiores si se conocen, en este caso, los detalles de la vida profesional del cliente. Al igual que en el factor personal, o en el familiar, el factor ocupacional tiene preguntas muy a la medida del rol, que harán que el cliente observe en ti, un asesor interesado en servirle y no un vendedor ocasional. Como por ejemplo:

- «Descríbeme un poco a esta organización»
- «Si es profesional independiente» –*a qué se dedica*–
- «¿Cuáles son sus servicios/productos estándar y cuáles son los más buscados?»
- «¿Quiénes son tus competidores?»
- «¿Qué planes de mejora o crecimiento tienes?»
- «Importante: ¿Qué experiencias que deseas evitar, has tenido en el pasado con tu empresa y/o tus cliente por no tener equipos o servicios como los que te ofrezco?»
- «¿Cómo son tus servicios de posventa?»
- «¿Cómo te atienden mis competidores?»
- «¿Cómo podrías satisfacer las necesidades futuras de tus clientes?»
- «¿Qué desean tus clientes de ti y/o de la empresa en la que laboras?»
- «¿Cuántos empleados tienes?»

Las anteriores preguntas son relevantes porque podrás reconocer cuales son las necesidades de tus clientes profesionales o corporativos con respecto al uso de la línea de productos o servicios que ofreces y así descifrar cuáles son los elementos tangibles o intangibles que impulsarán el cierre de la venta en ellos. Es decir, cuáles son sus motivadores de compra.

Con sus respuestas podrás construir o presentar una propuesta de venta o de servicios que sin duda serán música para sus oídos.

## Motivadores de compra en el factor profesional

Para las compañías, en la mayoría de los casos no calzan los factores de *ego* y satisfacción, como en el caso del factor personal. Tampoco calzan los argumentos de bienestar y felicidad del grupo familiar. Se ha determinado que los motivadores más efectivos para justificar una compra por parte de empresas y profesionales independientes son:

- Productividad – *con este producto lograrán mayor producción a menor costo-*
- Rentabilidad *–mayor ganancia al final del ejercicio-*
- Capacidad de atraer a un mayor volumen de clientes rentables – *lamentablemente no necesariamente más satisfechos-*
- Capacidad de servir a más clientes a la vez
- Capacidad de ofrecer nuevos productos o servicios sin otro costo
- Si tus clientes son corporativos de servicios de intermediación: Capacidad de que sus clientes generen y sirvan a una mayor cantidad de clientes

## Si vendes productos o servicios a empresas: gráficas, tortas y números

Si logras detectar sus debilidades actuales Vs. deseos o aspiraciones actuales, podrás vender y ganar más dinero más fácil y rápido si argumentas –con ejemplos, graficas, números y casos de estudio–. Se ha determinado que el cliente de servicios o productos profesionales opta por la propuesta más orientada a los números y estadísticas de satisfacción y productividad, con datos numéricos y gráficos reales relacionados a:

- Cómo con tus productos podrán tener mayor impacto positivo en la producción a menor costo
- Cómo sus propios clientes estarán más satisfechos
- Cómo serán más rentables
- Cómo tendrán más clientes
- Como podrán crecer
- Como podrán desplazar a la competencia

Si los datos ofrecidos en las gráficas se relacionan al sector industrial o económico del cliente te acercarás más al éxito; pero si los datos se basan en el pasado y futuro del cliente, felicitaciones ¡Ganaste la cuenta!

## Arma tu propia batería de preguntas

Desarrolla tus preguntas claves para cada tipo de cliente o sector, agrégale valor a las preguntas anteriormente expuestas con algunas de tu propia cosecha y creación. Recuerda que con esa batería de preguntas creada o diseñada por ti, el cliente percibirá de ti un rasgo de profesionalismo y de conocimiento de lo que le sucede o podría seguir sucediendo que sin duda apalancará tu éxito.

## De no querer realizar la sesión exploratoria

Si no se genera una sesión exploratoria, el asesor no podría ejercer su función asesora y simplemente estaría tratando de atinar en el blanco en cuanto a sus recomendaciones y opciones de servicio, lo cual es totalmente improcedente pues el cliente puede cansarse.

Si, en su acción frente al cliente, `por razones de tiempo, comodidad, temor a la reacción del cliente u otras, el vendedor opta por ofrecer su portafolio de productos, servicio o soluciones sin el conocimiento previo de las necesidades del cliente, o haber construido un perfil del mismo, estará perdiendo la batalla contra aquellos competidores que sabiendo la importancia de la sesión exploratoria utilizan esta herramienta para asegurar la calidad del tiempo frente al cliente tanto en la preventa, la venta y la posventa. Es decir, el ciclo de la comercialización.

## La importancia de la sesión exploratoria:
## El médico que no diagnostica

Imagínate que acudes a un médico porque algo te aqueja, y el médico, sin hacer ningún tipo de preguntas o diagnóstico, pretenda definir de qué padeces exactamente sin revisión o interrogantes. O peor aún: imagínate que este médico solo se deje llevar por lo que tú, como paciente, crees padecer y sobre la base de la opinión de lo que consideres padecer; entonces, te receta y sin preguntas o chequeos -*solo con la opinión tuya como paciente*- te ordena comprar medicamentos. ¿Quién pierde ahí? Todos los involucrados, evidentemente. Resulta descabellado. Imagínate como paciente que este mismo médico tan solo al presentarse comience a ofrecer toda la gama de remedios con los cuales se cuenta para todas las enfermedades. Inaudita situación. Es necesario diagnosticar; investigar. Como interesado en colocar productos y servicios y cerrar ventas, tú tienes dos opciones:

- Te conviertes en vendedor centrado en el producto y después de crear el clima grato sacas tu portafolio de productos con la esperanza de que al mostrarlo te hagan un pedido, o, como otra opción,
- Te conviertes en un asesor del cliente y luego de crear el clima de confianza comienzas a realizar una breve exploración de su realidad y necesidades con respecto al uso de los bienes, productos o servicios que pretendes ofrecer.

**Si optas por mostrar el portafolio y apuestas
por solo presentar el catálogo...**

Efectivamente, si muestras tu portafolio de productos y comienzas a mostrarlos sin haber hecho preguntas para conocerle, puede que vendas, es posible que te compren; sin embargo podrías no agregar valor a la vida personal, o al proyecto empresarial, comercial y profesional de tu cliente. No serás visto como asesor a la medida del cliente.

**Una muy cordial pérdida de tiempo**

Podrías aprovechar mal el contacto con el cliente, y comenzar a inquietarlo al mostrarle productos o tipos de productos que ya posee, servicios que ya utiliza o ha utilizado con resultados no muy agradables por que los ha aplicado mal y finalmente podrías estar presentándole al clientes opciones de productos o servicios que pasará por alto pues no sabe o reconoce que podrían serle beneficiosos, con lo cual tu trabajo de creación de clima de confianza ha sido un agradable momento con resultados de corto alcance en el resultado de las ventas potencialmente cruzadas que no se detectaron, o resultaron una muy cordial pérdida de tiempo.

**En el próximo paso**

Ya tienes una idea de la importancia de la sesión exploratoria para el proceso de ventas centradas en el cliente y no en el producto. Ya sabes que debes crear y generar tu propia batería de preguntas cortas para obtener información y reconocer cómo beneficiar a tu cliente desde sus propios zapatos –*necesidades tangibles e intangibles*–.

Sin embargo, podrías no estar muy claro en cómo vincular la data obtenida, la realidad del cliente y las cualidades técnicas del producto para generar una propuesta de producto y su argumento para que te compren. No te preocupes, vamos paso a paso. Ese será el objetivo del próximo paso o capitulo.

En el próximo paso o capitulo seis reconocerás cómo, sobre la base de la información obtenida, podrás vincular los datos recabados en la sesión exploratoria para construir soluciones y propuestas de ventas de productos o servicios realmente ganadoras. Posteriormente, en el capitulo siete, conocerás las formas de promocionarlo frente al cliente para venderlo. Tranquilo. Vamos por buen camino. Sigue leyendo. Cálmate.

# Paso 6: Con estos datos genera una propuesta de ventas personalizada

# ¿Qué es la solución al cliente?

La solución al cliente es la propuesta de ventas que le harás a la persona natural o jurídica con quien pretendes desarrollar una relación comercial, y que está compuesta por el producto, los productos, o la selección de productos y servicios que seleccionarás y posteriormente presentarás para que adquiera pues será de valor para su presente y futuro inmediato.

Tu cliente no compra tan solo objetos o servicios; compra soluciones. Así sea que vendas prendas de vestir, artefactos eléctricos o electrónicos, seguros, alimentos, bebidas, proyectos, servicios profesionales, financieros, o de telecomunicaciones, la solución al cliente es el beneficio y la satisfacción final que éste experimentará tras el uso o aplicación de los productos o servicios que adquiere. Si no hay beneficio tras el uso, no es una solución. Por ello, cualquiera sea tu área de comercialización, si eres asesor, tus clientes querrán de ti que pienses y plantees soluciones.

En este capítulo vamos a aprender a considerar cuál producto o servicio de los que tenemos a la mano vamos a presentar. De eso se trata la frase «diseñar una solución».

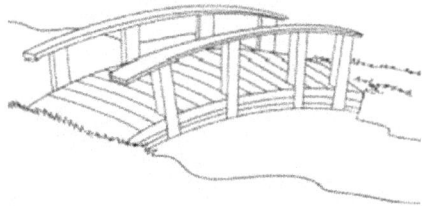

## Los productos son un puente

La propuesta de solución está compuesta por los productos, o la selección de productos que seleccionarás y posteriormente presentarás para que compre el potencial cliente. Pero estos productos o servicios que seleccionarás, en su verdadera dimensión, tan solo representan un puente de transición entre la situación actual y la posibilidad real de que el cliente, tras la compra y uso:

- Se beneficie notablemente
- Continúe viviendo cómodamente o empiece a hacerlo
- Progrese o siga progresando
- Salga de una problemática que le aqueja o arribe a una situación ideal
- Transite de una situación actual con oportunidades de mejora a una situación ideal con beneficio y satisfacción
- Eleve su nivel de desempeño

## ¿Sabes qué quiere realmente tu cliente?

Partiendo de la base que el cliente está en la búsqueda del estado final tras el uso o aplicación del producto, bien o servicio que compra, es interesante que consideres qué vendes o qué espera tu cliente realmente:

- ¿Orgullo por adquirir exclusividad?
- ¿Practicidad y mejor calidad de vida?
- ¿Tranquilidad y unión familiar?
- ¿Entretenimiento?
- ¿Recompensa al esfuerzo?
- ¿Orientación personal o profesional?
- ¿Un nuevo *Status* bien sea en el factor personal, familiar o profesional?
- ¿Salud?
- ¿Reconocimiento?
- ¿Satisfacción por lo estrictamente funcional?
- ¿Ahorro de tiempo?
- ¿Juventud?

Este nuevo enfoque en tu rol de asesor te puede ayudar para comprender mejor a tu cliente y ver el mundo desde su perspectiva. Si conoces esto, si tienes claro la nueva dimensión de tu rol, las posibilidades de asesorarle y cerrar ventas con este cliente se multiplican. Si logras capturar su real necesidad podrás atinar perfectamente en la estrategia tanto para seleccionar el producto como para elaborar la justificación de su adquisición al momento de presentarlo con miras al cierre de la venta.

Si en tu acción como asesor incluyes el razonamiento acerca de cada uno de tus clientes, venderás más, más rápido y en evolución.

Sin embargo, si piensas que solo vendes objetos o servicios, y no tratas de reconocer la verdadera dimensión de la necesidad del cliente, estás permitiéndoles la entrada a otros competidores; otros oferentes que, como asesores, trabajan con la premisa de analizar para ofrecer. Por eso te invito a que consideres qué quieren de ti tus clientes más allá de tus productos. Cada cliente es único y requiere un enfoque particular.

**Por ejemplo, tú no compraste este libro...**

Tu compraste la promesa de obtener un futuro mejor en el campo de las ventas a través del conocimiento que te proveerán estas páginas, y si profundizamos más, pagaste por la esperanza de obtener nuevos modos de sentirte tranquilo pues pudiste pagar el seguro del automóvil con las comisiones y porcentajes de la ganancia del desempeño comercial que mejorarías con estas páginas. El cliente compra intangibles; es por eso que debemos «ser» el cliente para entender sus verdaderos deseos tras la aparente compra de un bien material o servicio.

Es vital calzar los zapatos del cliente en cada etapa de la vida del cliente, como si fuera la primera vez, no para comprenderlo, entenderlo, o clasificarlo...sino para «ser» el cliente en su proceso evolutivo, y sentir su necesidad al analizar cuál producto le vas a presentar en qué momento.

### ¿Cómo se diseña una solución vendedora al cliente?

Se genera una solución al cliente cuando el asesor selecciona dentro de su portafolio, anaquel o inventario o conocimientos, aquellos bienes, artículos o servicios que:

- Sean de agrado para el cliente
- Pueda pagar el cliente
- Satisfaga la necesidad puntual-funcional-técnica-actual del cliente *–La necesidad básica que motivó el encuentro-*
- Contengan valores agregados competitivos y a la medida del cliente
- Satisfaga sus necesidades intangibles o humanas
- Le beneficie y le permita salir de la situación actual con oportunidades de mejora
- Represente una propuesta de valor a su vida personal o profesional
- Puedan ser utilizados con facilidad de acuerdo a sus circunstancias
- Le permita al cliente arribar al futuro más beneficioso o situación ideal

…Y además *–muy importante-* cuando se ofrecen condiciones favorecedoras para el pago o la inversión.

### ¿Quién diseña la solución que conducirá al cliente a ese futuro mejor?

Tú. Es tu responsabilidad diseñar o pensar en la selección de productos útiles al cliente; un servicio o una combinación de estos para el consumo que se encuentran en tu portafolio, anaquel, inventario o área de conocimientos; para que después de adquirirlos, el cliente obtenga ese futuro ideal intangible ansiado. Si el cliente tras tu selección y presentación adquirió un producto o servicio inútil, tú eres también el responsable. Las mejores prácticas en ventas centradas en el cliente indican que es tu responsabilidad escuchar y construir la solución esperada pero si lo haces junto al cliente o con la participación de éste en cada fase del proceso, la venta fluirá mejor y con menor capacidad de riesgo para ambas partes.

Los vendedores tradicionales se enfocan en presentar al cliente, como catálogo, los productos de su portafolio. Si tú eres vendedor en una joyería y crees que tus clientes compran collares, relojes, anillos y zarcillos, simplemente estás fuera del juego. Si concibes tu actividad como vendedor de objetos, estás perdiendo la batalla contra aquellos quienes saben que por lo que el cliente paga en realidad es por una solución muy personal. En una joyería los clientes compran inversión, exclusividad, orgullo, entre otros.

Si realmente quieres cerrar la venta, facturar y que el cliente te compre más y más rápidamente de una forma sencilla, debes personalizar tu propuesta. En ventas ya no funciona un «café para todos».

**La solución vendedora que ofrezcas al cliente:**
**La que contiene un espejo 360 en la propuesta**

En cada propuesta de compra de productos o servicios, cada vez que el cliente escuche, observe, lea o reciba la propuesta que tú le ofreces, éste debe verse reflejado personalmente. Tu propuesta debe ser un espejo en el cual el cliente pueda verse en un radio de 360 grados fácilmente, donde reconocerá el beneficio que representa la compra del bien o servicio. Esto lo lograrás porque habrás pensando desde el momento de la selección de productos o servicios, qué requiere, porqué lo requiere, cómo lo beneficiará a nivel técnico y personal, tanto ahora y en un futuro próximo, hasta podrías haber considerado cómo sus familiares o clientes –*con nombres y apellidos*- pueden ser beneficiados con tu propuesta.

**...Tú en el *selfie***

Hagamos un ejercicio que ilustra este principio: ¿Recuerda las veces en las cuales algunos amigos te muestran una foto de un viaje o travesía que realizaron? ¿Alguna fotografía que ves en papel, de manera electrónica o en alguna red social o *selfie* tomada desde el celular en la cual aparecen algunas personas pero tú no estás allí en esa foto? ¿Qué haces? En el mejor de los casos, la observas, posiblemente sonrías; en ocasiones la observas detenidamente y hasta podrías escribir algún comentario en alguna red social. Pero hasta allí. No la quieres para ti. No te interesa porque no te sientes identificado. No hay nada de ti en esa foto. Sin embargo ¿Qué sucede si en esa fotografía estás tú, o alguien a quien tú quieres muchísimo? ¿Qué haces cuando tú te observas claramente, de primer plano, disfrutando o viviendo un hermoso momento? La querrás guardar, la querrás para ti, y hasta la comprarías si acaso se vende. Muy seguramente, abordarás a quien te la mostró y dirás: ¡Yo la quiero! La razón es simple: te atrapó en el corazón, te sentiste identificado; esa fotografía te llevó a lugares ideales para ti, te viste a ti mismo o te observaste reflejado en ella viviendo un momento alegre o significativo que deseas conservar para tu disfrute, orgullo y satisfacción.

**Tu cliente retratado en la propuesta de ventas**

La misma situación del párrafo previo ocurrirá con la solución que pretendas construir y vender a tu cliente; tu habilidad para reconocer, en la sesión exploratoria, cuáles son los motivadores de la compra del cliente que tienes al frente, es decir, qué necesita técnicamente y qué desea a nivel intangible – *tanto en el factor personal, familiar o profesional*- teniendo en mente las mejores condiciones financieras de venta para el cliente, en un marco de ganancia mutua, permitirá que el cliente se vea retratado de primer plano en la foto, se ubique e identifique rápidamente en ella, y tras la presentación y promoción, quiera adquirirla lo más rápidamente posible sin que el momento del cierre de la venta sea para ti un tema tortuoso. Seguramente dirá algo como ¡Efectivamente lograste comprenderme y me siento identificado con lo que me presentas!

¿Por qué sucederá esto? porque construirás esa propuesta siempre razonando y analizando para anticipar, aún sin salir del cuerpo y mente de tu cliente, por qué esa selección de productos y servicios le será útil o satisfactoria tras la compra y el uso.

**Las claves para diseñar soluciones centradas en tu cliente**

El asesor se centra en el cliente; el vendedor tradicional en el producto. La idea es hacer clientes; no hacer ventas. A continuación observarás cuáles son los elementos más importantes con los que podrás diseñar una propuesta de ventas o solución al cliente. Por ello, pensando siempre como tu cliente, considera cómo vas a hacer la selección de productos o servicios que posees en tu portafolio o anaquel antes de presentarlos. La selección del producto o servicio a ofrecer debe contar con los siguientes atributos de valor:

Satisfacción Técnica

Satisfacción Humana

Futuro promisorio

**Claves para el diseño de la solución**

Solución a necesidad actual

Rentabilidad para tu cliente

Valores agregados

Rentabilidad para ti

**a) Satisfacción Técnica**: El producto, bien o servicio que ofrecerás será una excelente propuesta para el cliente si contiene como piso básico, las características técnicas cuantitativas, tangibles, visibles, demostrables y hasta medibles que el cliente requiere. De eso se trata satisfacer técnicamente al cliente, es la fase donde considerarás qué necesita tu cliente como fundamento funcional para solventar su necesidad actual.

Si se trata de artículos manufacturados o bienes, en tu rol de asesor tomarás en cuenta para el diseño y la selección de los bienes o los productos a ofrecer, variables como tipo de objeto o bien, producto o sub-línea de productos, ubicación y acceso en el caso de bienes e inmuebles, cualidades físicas y beneficios de cara al cliente, cantidad, versatilidad, tipos de materia prima, mecanismos y sistemas de fabricación, estándares de desarrollo y por supuesto, garantías asociadas al producto. Es decir, cómo, dónde, cuándo y con qué fue creado. Así mismo, cuál producto y qué cantidad de productos vas a ofrecer. Si deseas diseñar una solución que satisfaga técnicamente al cliente también debes considerar aspectos relacionados a la versatilidad o facilidad del uso del bien o artículo en diversos escenarios, o al menos en el escenario que específicamente requiere el cliente. Finalmente, conéctate con las necesidades de uso del producto a nivel de quién o quiénes serán los usuarios para la adaptabilidad del mismo.

Si hablamos de la propuesta de venta de servicios profesionales, *- aquí se incluyen servicios técnicos, venta de seguros, servicios financieros, de salud, y de desarrollo empresarial como contabilidad, consultoría y desarrollos tecnológicos-* debes generar una oferta de servicios que presente el mayor beneficio en el menor tiempo posible a costos razonables. Eso es lo que desea escuchar el cliente de servicios técnicos y profesionales; en este sentido deberás pensar trabajar con la gente adecuada y «esa» es la garantía de la producción. La oferta técnica de servicios es muy compleja pues es técnicamente intangible; por ello debes diseñar tu oferta de servicios en base a lo que en consultoría conocemos como «enfoque y alcance del servicio» es decir: hay que considerar qué servicio vas a ofrecer, qué y cómo lo va a recibir el cliente, beneficios de cara al cliente, riesgos, cuáles son los límites del servicio a entregar, tiempo de desarrollo, y los talentos involucrados.

El cliente va a exigir calidad y ésta, tiene muchos conceptos asociados. Veamos un principio clásico de calidad y a su autor. Principio que será de gran utilidad para cuando pienses qué y porqué, será de calidad lo que le vas a ofrecer al cliente:

**Joseph Juran**[3]: «Calidad es la adecuación al uso». De este principio, podemos inferir, para el área de ventas, que al momento de desarrollar una solución con satisfacción técnica para el cliente, bien sea que la oferta o propuesta esté compuesta por un artículo, producto, bien o servicio o combinación de estos, no necesariamente será de mayor calidad porque contiene u ofrece el artículo más costoso, el producto elaborado con mayor complejidad o el manufacturado con la materia prima más procesada.

---

[3]   **Joseph Moses Juran** -Braila, Rumania, 24 de diciembre de 1904 - New York, 28 de febrero de 2008- fue un consultor de gestión del siglo 20 que es principalmente recordado como un experto de la calidad y la gestión de la calidad y la escritura de varios libros influyentes sobre esos temas.

Debemos erradicar la idea que lo más costoso, complejo o famoso siempre es lo mejor. No necesariamente la propuesta que satisfaga técnicamente al cliente es la que implique más complejidad en la producción, más adelanto tecnológico, las marcas más reconocidas o los materiales más nobles. Todo depende del uso que le va a dar el cliente.

En mis conferencias, seminarios, charlas y clases universitarias siempre dedico un poco de tiempo para mencionar el valor de este concepto en las ventas pues justifica plenamente la sesión exploratoria como fase de la acción frente al cliente. Veamos un par de ejemplos –*extremos*- para que se comprenda fácilmente como aplica perfectamente este principio en las ventas:

Supongamos que eres un vendedor de camisas, y en tu área de trabajo, una tela de calidad es la seda, sin duda. Pero si tomamos en cuenta este principio para considerar una oferta o propuesta de calidad al cliente, no necesariamente una costosa camisa de seda será la mejor opción de calidad si en la sesión exploratoria se determinó que esta prenda será usada por un adulto en invierno, o si va a ser usada por un niño en una fiesta infantil. Simplemente no le sirve, la propuesta no le será útil y nunca será de calidad por lo menos a nivel técnico; bien sea porque la persona necesita mayor cobertura o una tela más resistente al frio, o en el segundo caso, no le servirá pues no tiene sentido invertir en una costosa camisa de seda cuando las probabilidades de daño físico al artículo –*manchas, roturas, destrozos*- son amplias.

En ventas la calidad de la oferta en su aspecto técnico o funcional no la define la manufactura del artículo; la calidad la define cuán adecuado o adaptable es el artículo en relación al uso que se le pretende dar. Tal vez, en el ejemplo anterior, la calidad a nivel técnico no sería la costosa seda sino, una más económica camisa de lana en primer caso, y otra más tolerante tela a los daños -*como el resistente y económico algodón*- para el segundo.

A continuación, se ofrecerá otro ejemplo pero mucho más común. No todos compran una camisa de seda, pero sí con mayor frecuencia compramos prendas de vestir para hacer ejercicios. Desde camisas, pantalones cortos o *shorts*, zapatos deportivos o prendas íntimas para ejercitarnos. Si somos asesores del cliente en una tienda de prendas de vestir deportivas, debemos considerar presentar al cliente la prenda que más le convenga al real uso y nivel de práctica deportiva del cliente; no necesariamente requerirá la prenda de última generación, la más reconocida, la más costosa, la que no permite que el sudor intervenga en el ritmo cardíaco, si el cliente indicó en la sesión exploratoria que va a comenzar a caminar esporádicamente.

**b) Satisfacción humana:** Todo acto de consumo, responde a una necesidad técnica y a una necesidad humana, pero entre las opciones que técnicamente le satisfaga, el cliente optará por la que contengan mayor carga emotiva. ¿Qué fundamenta la carga de emotividad en alguna propuesta que pretendemos sea aceptada por el cliente? La carga emotiva del producto la determina el grado de identificación del ser humano con el producto o servicio que se le presente. Si no hay identificación con la propuesta, no hay conexión ni satisfacción humana.

Para lograr satisfacer el lado humano del cliente piensa en el momento en lo que vas a mostrar… ¿Qué le hará vibrar positivamente en tu propuesta? La clave está en las respuestas que te ofreció cuando preguntabas aspectos intangibles. De la gama de productos que responda a sus necesidades técnicas, cuál, de ellos se «parece» a él o ella, a su estilo de vida, a sus expectativas de cómo necesita ser visto.

Sí al momento de mostrar tus productos o servicios solo presentas o señalas aquello que existe en el mostrador, o muestras el bien físico, sin pensar, sin una consideración previa del cliente y su real beneficio a nivel intangible, sin una escogencia previa justificada de los artículos o servicios a mostrar, tu solución será una más ante los ojos del cliente.

Y así sucede en todos los sectores de la economía y el comercio. Como la solución es el conjunto de productos o servicios, o la combinación de ambos que le presentarás al cliente, piensa en el cliente utilizando el producto, servicios o los productos que le mostraste; ¿Se sentirá cómodo utilizándolos? ¿Puede haber una conexión emotiva entre el cliente y la solución que tú le muestras? ¿Se sentirá único? ¿Especial? ¿Sonreirá el cliente orgulloso mostrándose a terceros tras el uso o beneficio o resultado final en la aplicación de tu propuesta? ¿Impactará positivamente este producto, servicio o bien a nivel de familiares? Si la respuesta es Sí; si sonreiría pues el producto «le sonríe», vas por buen camino.

c) **Rentabilidad para tu cliente**: Las soluciones compuestas por productos o servicios que tienes a la mano en tu anaquel y portafolio de productos que selecciones para tu cliente jamás deben ser una incomodidad a nivel de los beneficios vs. los costos. No ofrezcas un producto o servicio con posibilidades de que sea una pérdida de dinero, o que sea difícil adquirirlo.

d) **Rentabilidad para ti**: El producto o servicio que ofrezcas jamás pueden darte pérdidas. No intentes ofrecer un servicio en el cual no ganes o generes una ganancia razonable. No comiences una relación perdiendo. Ni por inversión, ni por conquistar al cliente, la idea de perder para ganar no resulta.

e) **Valores agregados**: Los valores agregados representan elementos muy atractivos para el cliente. El cliente siempre apreciará un extra involucrado en la compra y si tienes productos manufacturados, destaca los elementos de valor que están incorporados y el cliente lo tomará en cuenta para su aceptación. A veces compramos un objeto que ya tenemos porque se nos obsequia un producto extra bien interesante y agradable. Los teléfonos inteligentes y las tabletas compiten, entre otros elementos técnicos, por la cantidad de valores agregados que poseen. Selecciona los productos con mejores valores agregados a precios razonables.

f) **Solución a necesidad actual**: Los productos que se consideren para ser presentados al cliente deben resolver el aquí y el ahora a nivel de los aspectos funcionales de la necesidad del cliente. El producto que necesita. Lo que le resuelve o beneficia en la situación actual. Tal vez los valores agregados le provean un puente para necesidades futuras, pero regularmente no percibirá gran utilidad si no percibe claramente cómo resolverá su problema actual.

g) **Futuro promisorio**: Selecciona entre tus productos o servicios aquellos que además de resolverle el aquí y el ahora a nivel de necesidades funcionales y personales, le aseguren un futuro inmediato más seguro, más beneficioso, más versátil y con mayor vida útil. De esta manera lo considerará como una excelente inversión.

**Selecciona los productos o servicios a ofrecer a tu cliente desde la perspectiva del «SI»**

A continuación obtendrás, con el siguiente cuadro, una herramienta para validar si tu solución al cliente será o no viable comercialmente. El producto o servicio que le recomiendes debe cumplir con todos los elementos que en la próxima lámina se denominan elementos de éxito en la solución al cliente y ubicarse en la zona del SI. Para analizar si tu oferta se adaptará o no al cliente debes preguntarte si tu producto o servicio cumple con todos y cada uno de los elementos presentes. Si hay alguno en el área del NO, tu oferta está en riesgo.

Antes de ofrecer el producto analiza cuidadosamente los elementos de la siguiente lámina y determina si tus artículos están en el área adecuada.

## Elementos de éxito en tu propuesta de ventas al cliente

**Area del SI...**

¿Existen experiencias previas positivas y comprobadas en el uso de tu servicio / producto de forma exitosa en clientes similares?

¿Tu propuesta presenta condiciones precios y tarifas razonables?

¿Tu rango de precios se encuentra dentro del presupuesto del cliente?

¿Ofreces comodidad en el sistema de pagos?

¿Resultará fácil para el cliente utilizar y disfrutar del producto o servicio que ofreces?

¿Ofreces durabilidad o tiempo de vida útil y competitivo, y garantías superiores al mercado?

"Ese" cliente en particular que quieres ganar ¿Tiene experiencia en el uso de tus productos? ¿Comprende la naturaleza de tus productos?

¿Tu propuesta de ventas la has diseñado y presentado a la medida del cliente ... sobre la base de sus verdaderas circunstancias? En sus zapatos.

¿Tu propuesta e ventas representa una oferta de valor a tu cliente? ¿Lo ayudará -*beneficiará*- más que las otras ofertas del mercado?

**Area del NO...**

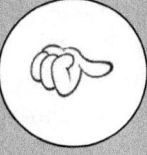

Si alguno de los elementos de éxito están en el área del NO

Tú como asesor, tendrás más posibilidades de:

✓ Obtener rechazos en tus ofertas
✓ Ser incomprendido por el cliente
✓ Recibir devoluciones
✓ Desarrollar proceso de ventas lento e inseguro
✓ Generar poca posibilidad de compra
✓ Ser desplazado del mercado por un competidor que diseñó su oferta a la medida del cliente

**Area del SI...**

Si alguno de los elementos de éxito están en el área del SI

Tú como asesor, tendrás más posibilidades de:

✓ Cerrar ventas
✓ Cerrar ventas más rapidamente
✓ Obtener prioridad sobre otras ofertas
✓ Vender sin vacilación o temor por parte del cliente
✓ Aumentar tu cartera de clientes satisfechos

129

## PQC

En el argot de los contadores y auditores de estados financieros de las empresas existen unas siglas muy curiosas: «PQC», que significan «para que cuadre». De acuerdo con estos profesionales, los estados financieros no cuadran en ocasiones de manera perfecta entre sus ingresos y egresos y, por lo tanto, para reflejar una cifra que acomode a la actividad contable de forma positiva para la empresa y sus intereses, el contador debe aplicar en ese escenario de números un «PQC»; es decir, modificó una cifra y colocó otra de forma impositiva «para que cuadre» perfectamente la ecuación y el estado financiero de la empresa. Esta imposición obligatoria, definitivamente les ayuda al momento de no encontrar salida. Pero lo difícil es justificar ese PQC, puesto que no tiene base y representa una respuesta falsa.

### ¿PQC en las soluciones al cliente?

Se da información sobre los PQC porque un principio básico en el asesor es que busca soluciones a la medida del cliente: soluciones reales. Si no tienes un producto que cuadre con las necesidades tangibles o intangibles del cliente no trates siquiera de presentarlo como tu solución a la medida.

En el proceso de relación con el cliente, aunque se encuentren argumentos que generen una perfecta neblina de beneficios -*una supuesta utilidad (falsa) de algún producto o servicio*-, o alguna omisión -*silencio*- sobre algún defecto o no aplicabilidad del producto en ese cliente, a la larga este se percatará del PQC que le aplicaste, no te volverá a llamar, devolverá el producto y a la larga tendrás un enemigo que en la primera oportunidad te hará quedar mal o se vengará. Será un muerto insepulto que hablará mal de ti, tus productos o servicios por donde quiera que esté. Algunos lo llaman «cliente terrorista» capaz de colocarte bombas en tu prestigio. NO mientas sobre lo que intentas vender para que el cliente se identifique; tampoco exageres cualidades o las inventes. No es inteligente.

En todo caso comenta al cliente sobre la existencia de otros productos que tienes en el inventario no tan a la medida de sus necesidades y advierte al cliente sobre sus limitaciones. El cliente a la larga lo agradecerá. Si no tienes el producto, bien o servicio ideal, no mientas y hagas PQC, puedes ser sincero y decir algo como:

... «no tenemos el producto que solicitas o requieres, pero si tenemos esta línea –*tal vez más económica o más costosa*– que me gustaría mostrarte para efectos de tu conocimiento, y tal vez te guste».

### ¿Soluciones a la medida con productos de consumo masivo?

Una propuesta se puede basar en productos o servicios fabricados o diseñados con anterioridad y aún cuando se venden en grandes cantidades o de manera masiva, pueden ser presentados para la venta a la medida del cliente.

La propuesta de productos estandarizados es aquella que desarrollas para tu cliente, pero basándote en tu portafolio de productos o servicios fabricados o diseñados para la venta en grandes cantidades. En el caso de tangibles, hablamos de productos estandarizados cuando se comercializan productos masivos como alimentos y bebidas, textiles, maquinarias, automóviles, teléfonos inteligentes, etc. En el caso de los servicios estandarizados, encontramos a productos financieros, cuentas de ahorros, cuentas corrientes, certificados de depósitos, pólizas de seguro, etc.

La solución a la medida se basa en la propuesta que, luego de la sesión exploratoria, el asesor diseña a imagen y semejanza del cliente y sus necesidades.

El concepto de solución estandarizada se vincula y se complementa con el concepto de solución a la medida cuando ofreces a la medida del cliente, desde un producto o servicio, hasta la más amplia combinación de éstos para que juntos calcen con la realidad y la necesidad y futura satisfacción de «ese» cliente o cada cliente en particular. También esta combinación de productos, o de productos y servicios es conocida como venta cruzada.

**¿Tu propuesta de ventas –*solución*– impulsa a tu cliente o es una solución fantasma?**

Debes estar seguro de que el alcance de la solución ofertada debe impulsar al cliente. Si tú -*a sabiendas o no*- desarrollas una oferta o recomendación de venta que aparentemente, cual fantasma, ayudará al cliente, pero en realidad no ayudará a nadie, no estás actuando competitivamente. Diseña tu solución pensando en el momento del uso. De lo contrario podrías construir o proponer una solución desventajosa para el cliente. Veamos el siguiente gráfico que presenta los distintos tipos de propuestas –*soluciones*– y actúa inteligentemente.

## Tipos de soluciones que adquiere el cliente

| Impulsadoras | Estancadoras | Retrasadoras |
|---|---|---|
| ¡Son las verdaderas soluciones! | ¡Aparentan ser soluciones efectivas pero no lo son! | ¡Tu propuesta dejó al cliente en situaciones de mayor incomodidad! |
| Aquellas propuestas, productos o servicios que realmente eliminaron la situación incómoda inicial del cliente e impiden su aparición para otras oportunidades. | Tú has podido venderla como solución, pero realmente no fue tal, al menos para tu cliente o alguno de ellos. | Además de no serle útil al cliente -o estancarla- tu propuesta le ha acarreado nuevos y mayores inconvenientes. Más inventario que no rota, más productos inútiles en su hogar u oficina, más dinero o tiempo a invertir a fin de deshacer el entuerto. |
| Tras su uso, benefició al cliente y le ayudó a ser más exitoso. | El cliente quizá la adquirió y creyó en tu propuesta inicial pero al momento de intentar generar el uso, la mal llamada solución le ha dejado en el mismo sitio o situación. El mal aún persiste. | Tu venta, aparte de no solucionarle el inconveniente al cliente le dejó en una situación de mayor desventaja. |
| Su diseño o condición de adquisición, permitió su uso y cancelación de forma cómoda. | | |
| El cliente se siente satisfecho. | Tu producto o servicio lo estancó. El cliente se siente desconcertado. | El cliente está molesto. |

133

## Soluciones en escala

Las soluciones en escala son aquellas oportunidades de mejora que irá tomando el cliente en el transcurso de un período determinado, en el cual irá adquiriendo los artículos que en conjunto lo harán más potente. Posiblemente tu cliente no puede, o no debe adquirir todos los productos o servicios que están en tu portafolio o en tu propuesta en un solo momento. Esta situación ideal la lograrás con el tiempo.

Prepara junto a tu cliente, un plan a mediano o largo plazo para la adquisición de tus productos o servicios. Poco a poco, a través de pequeñas victorias, colocarás todos los productos requeridos. El asesor vende como el charcutero que vende salami, de rebanada en rebanada. Así se genera una solución a la medida y en escala.

## Cuando el cliente es parte de la generación de la solución

El asesor puede diseñar la propuesta de soluciones de manera unipersonal y así lo presenta; o también –*este segundo sistema de trabajo es el que más me agrada*- puede diseñar la solución en conjunto con el cliente mismo. Tal vez esta acción de trabajo conjunto con el cliente amplíe el conocimiento y el rango de oportunidades y soluciones para ambas partes, donde el cliente y el asesor observan el panorama más claro. Cuando ambos generan la propuesta de solución, no pasará mucho tiempo para que el mismo cliente sea quien cierre la venta pues este suscribirá «su propia» creación, la cual abarcará todos los ámbitos de la venta como los productos a comprar, servicios de valor agregado a le medida, tiempos de cancelación, montos de apertura, ventas cruzadas, ventas en escala, esquemas de posventa como visitas y asesorías posteriores. Cuando el cliente diseña y se identifica con su propia propuesta firma rápidamente.

El asesor puede animar al cliente para que juntos diseñen el grupo de soluciones y negociar acuerdos. Esto lo puede hacer a través de una animada conversación entre ambas partes para que juntos construyan «puente de transición» con propuestas y contrapropuestas.

Este tipo de generación de propuesta hace que el cliente firme rápido pero siempre se va a correr el riesgo de que algún tipo de cliente, con el conocimiento integral obtenido en la generación de sus propias soluciones, opte por conocer a otros proveedores –*posiblemente más económicos*– y no tome la decisión de compra en ese momento. Es un riesgo que siempre corren los asesores, este riesgo se evita ofreciendo objetiva e imparcialmente un análisis de los beneficios y límites tanto de tus productos y servicios como los de tus competidores. El primero que pega, lo hace dos veces así que por más asesores de otras compañías contacte el cliente, si logras una propuesta a la medida y de real beneficio, éste siempre te observará como el experto imparcial y una excelente opción a considerar. Puntos a tu favor.

**Próximo paso: Presentación y promoción de las soluciones**

Ya tienes una cantidad de datos, principios y mecanismos para diseñar propuestas ganadoras. Selecciona de estos el que más te agrade; todos son válidos, sencillos, aplicables y son basados en prácticas excelentes. El mecanismo que elijas te sirve para preparar propuestas ganadoras e impulsa tus ventas.

Pero una fase es la creación de la propuesta de solución, es decir, la selección de los productos y servicios a presentar a la medida del cliente y otra muy distinta es la presentación y promoción de dicha solución.

En el próximo capítulo se ofrecerá información acerca de cómo, a través de técnicas de inmediata aplicación el asesor podrá presentar y promocionar la solución ante el cliente de forma tal que este compre la propuesta lo más pronto posible.

# Paso 7: Ahora aprende a presentar y promocionar tu propuesta de ventas

En este capítulo vamos a tratar acerca de una fase de la acción frente al cliente que la manejan todos quienes pretenden vender un producto, bien o servicio. Sean estos, expertos asesores orientados al cliente o por el contrario, vendedores tradicionales enfocados en el producto. En esta fase todos convergen. Se trata de la presentación y promoción del producto o solución. Veamos por qué en esta fase algunos rebotan mientras que otros sobreviven airosos y cierran ventas.

La fase de presentación y promoción crea mucha ansiedad a quien pretende vender pues reconoce que se está entrando en el terreno del pre-cierre de la venta, y de la búsqueda del SI por parte del cliente. Ya quedó atrás la presentación personal, la conexión emotiva y la potencial generación de la sesión exploratoria. Aquí vamos llegando al momento de la verdad; y esto altera los nervios a cualquiera. Muchas veces, aún siendo el asesor más experimentado en este terreno, no se sabe cómo comenzar a tocar las teclas de esta fase. Presentar para que te compren: situación álgida.

Después de diseñar la propuesta de solución que ayudará al cliente a ser más eficaz, fuerte y tranquilo, hay que presentarla al cliente y promocionarla para que sea adquirida lo más pronto posible. El asesor no puede vivir del aplauso del cliente ¡Debe cerrar ventas! El mejor producto nunca será «el mejor producto» si no se vende. Aún cuando se comercialicen productos de excelente manufactura, cuántas veces los gerentes de ventas han oído estas frases: «Es que estoy muy cerca de cerrar esta venta»; o «He visitado a este cliente, estuvimos conversando mucho y le gustó el producto»… pero desafortunadamente a la larga nada se logra a nivel de números.

> ...El mejor producto nunca será «el mejor producto» si no se vende....

La razón del rebote en ventas por parte del cliente es simple: Aun cuando un producto o servicio sea muy bueno *-de acuerdo al asesor y su experiencia-* si el cliente no se siente identificado con la propuesta presentada y no se percibe reflejado en ella, éste nunca la comprará; y esa situación adversa no necesariamente está atada a potenciales altos precios; realmente responde a la incomprensión, por parte del cliente, del por qué «ese» producto le sería beneficioso para su vida, estilo de vida o actividad profesional. El cliente puede ver el producto, pero no necesariamente verá la solución, beneficio o satisfacción ulterior. En esos casos de rebote en las ventas, aún cuando el producto, bien o servicio sea bueno, en la mente del cliente, se pueden presentar frases como:

- «Ese producto no soy yo»
- «No se parece a mí»
- «No entiendo cómo me podría beneficiar»
- «No me veo utilizándolo»
- «Esto no es para nosotros»
- «Este vendedor no me comprendió»
- «Este vendedor no me ha escuchado»
- «No me termina de gustar»

**Si quieres evitar esa situación ¿Cómo hacer para que el cliente se identifique con tu propuesta de ventas?**

**Si no has hecho la sesión exploratoria...**

De no haber invertido un poco de tiempo en la sesión exploratoria, y tratar de conocer un poco al potencial cliente, las cartas que jugará quien está tratando de realizar alguna venta serán:

- Enfocarse en el endiosamiento de las características del producto/servicio
- Enfocarse en los precios del producto/servicio
- Enfocarse en las estadísticas de ventas del producto/servicio
- Hacer chistes
- Hablar mal de los competidores *-aunque soslayadamente por supuesto-*

- Dejar la venta en manos divinas o superiores
- Bla, bla, bla… marear al cliente con técnicas de ventas donde se trata que el cliente repita varias veces «SI»…

> El cliente podría estar contemplando el producto por días, pero éste no ha de entrar en su vida. Así que la sola presentación no basta: no es suficiente

Esta vía es la más tortuosa y es la que más accidentados deja en el camino. El trabajo del cierre de la venta del vendedor enfocado en el producto que no conoce al cliente y no calza sus zapatos para diseñar o presentar una propuesta es muy difícil, muy cuesta arriba, muy arduo.

Es arduo pues no hay conocimiento de lazo alguno que sirva para conectar al cliente que está al frente, con el beneficio de lo que se pretende comercializar. En este sentido el peso del vínculo está en el cliente, o en el mejor de los casos habrá por parte del vendedor algunas referencias de éxito de la aplicación o uso del producto, bien o servicio en terceros. Ambas situaciones dejan a quien intenta vender en un estado de vulnerabilidad muy grande porque no hay, en las palabras que acompañan a la presentación, nada que al cliente le haga sentir que la propuesta fue hecha a su medida o en sus zapatos.

**El basquetbolista desorientado**

Presentar un producto sin conocer al cliente se asemeja a quien está tratando de acertar a una canasta en el básquet sin tener experiencia, o con los ojos tapados y no sabe hacia dónde orientar estratégicamente su esfuerzo; sin duda es un momento desgastante para quien pretende anotar un punto –*o su gerente o manager*- pues puede pasar horas tratando de encestar sin resultado alguno. Desafortunadamente eso sucede a menudo porque las personas creen que conocen al tipo de cliente, ya saben qué necesita y tratar de conocer al cliente es una pérdida de tiempo cuando tantos otros clientes están esperando en el mostrador.

En este símil, el vendedor tradicional no tiene herramientas para vincular al producto que ofrece con el cliente y sus circunstancias.

Tiene los ojos tapados. No sabe cómo «encestar» para enlazar, en particular, a quien tiene al frente con la solución que disfrutaría. Solo tiene el folleto, o referencias de éxito en terceros lejanos. Todo esto resulta de mediocre efectividad o transparente al cliente. Seguramente el cliente tratará de buscar otra opción que con la cual se sienta más identificado. Lo más curioso de este tipo de situaciones de rebote es que los clientes optan por el mismo tipo de servicio o uno similar pero la diferencia la marcó el asesor de la otra tienda quien le hizo entender con ejemplos y situaciones propias del cliente cómo éste resultaría más beneficiado; cuando el vendedor se entera de esa venta, se pregunta irónicamente por qué el cliente no le compró. La presentación de la propuesta orientada únicamente al producto es tiempo invertido de alto riesgo para el vendedor.

Tampoco lo es hacer referencia de éxito en terceros con circunstancias distintas. Recordemos que el cliente NO vincula por sí solo; necesita de alguien que lo haga. Esperemos que seas tú y no tu competidor.

**Con la sesión exploratoria...**

Aquí la cosa cambia a tu favor. La situación en la presentación de la solución con miras al cierre de la venta, es muy diferente -*tendiendo a la comodidad*- cuando el asesor ha desarrollado su actividad desde un comienzo centrado en el cliente, sin parloteos hipnotizantes ni desgastantes.

La sesión exploratoria dará luces para el diseño de soluciones y la preselección o búsqueda de los productos a presentar, pero también dará herramientas al asesor al momento de esgrimir los argumentos que empleará en la presentación de la solución con miras al contrato o cierre de ventas.

Con información del cliente en particular tendrás «oro en polvo» para presentar y promocionar lo que desees vender. Observa en el siguiente cuadro cómo el asesor que conoce cliente y su estilo de vida es capaz de convertir la información que posee en ventas concretadas. Si bien se presenta como una «seguidilla» de pasos, no necesariamente tú la habrás de aplicar tal cual. Trata de hacerlo y luego, desarrollas un método personal.

**¿Cómo presentar y promocionar tu propuesta de ventas al cliente?**

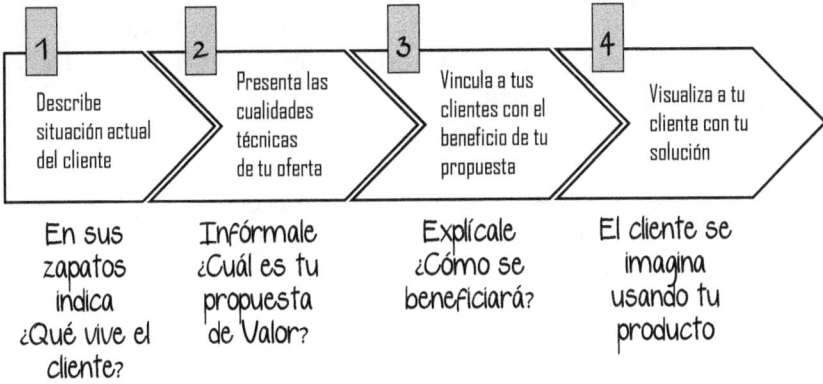

| 1 | 2 | 3 | 4 |
|---|---|---|---|
| Describe situación actual del cliente | Presenta las cualidades técnicas de tu oferta | Vincula a tus clientes con el beneficio de tu propuesta | Visualiza a tu cliente con tu solución |

| En sus zapatos indica ¿Qué vive el cliente? | Infórmale ¿Cuál es tu propuesta de Valor? | Explícale ¿Cómo se beneficiará? | El cliente se imagina usando tu producto |
|---|---|---|---|

En esta fase de presentación y promoción de la solución es cuando el cliente espera que se le ofrezca el «qué» y el «porqué» de la inversión que hará y está a la espera del resultado del esfuerzo que hizo en tratar de ayudarte en la sesión exploratoria ofreciendo datos, visiones y necesidades. Es el momento de justificar su colaboración.

## 1. Describe la situación actual del cliente

Es importante para el cliente estar seguro que el asesor esté consciente de sus necesidades particulares y que sobre esa base ha seleccionado los productos y servicios de la solución que va a presentar. El cliente quiere saber que está en buenas manos. El cliente no quiere ser «uno más». Por ello, en un primer momento, el asesor habrá de expresar verbalmente y manera muy detallada, su visión de la situación actual del cliente. Sin importar que el cliente acuda al asesor para satisfacer necesidades a nivel personal, familiar, profesional o corporativo, la expresión de la visión actual del cliente es la declaración de «mantente calmado que yo conozco tu caso en particular». Esta expresión verbal es comunicarle al cliente, de forma detallada, los datos que pudo obtener en la sesión exploratoria tales como:

- Datos sobre el cliente que tiene al frente
- Datos sobre las necesidades y gustos del cliente si es a nivel personal

143

> ...debes ser detallista con la presentación de la situación actual y las necesidades detectadas del cliente...

- Datos sobre la familia y su conformación si se trata de un cliente que solicita productos o servicios para la familia
- Datos sobre la organización, productos, tipos de clientes y competidores si es a nivel corporativo
- Sus necesidades y requerimientos actuales
- Sus proyectos o necesidades de cambio
- Experiencias pasadas desagradables que justifica el uso o aplicación de los productos o servicios que ofrece el asesor
- Experiencias pasadas agradables que necesita repetir el cliente
- Situaciones que quiere prevenir o evitar el cliente
- Plataformas necesarias que apalancarán el éxito del cliente

Esta acción de comunicar la visión actual también se hará para que el cliente comience a sentirse retratado en la propuesta o alineado con la solución atada a los productos. La idea es que el cliente empiece a alinearse e identificarse con tu propuesta. Recordemos que si no hay identificación se produce el rebote.

Para ello, si es un cliente del factor personal, el familiar, profesional o corporativo debes empezar a poner las cartas sobre la mesa a nivel de sus realidades y necesidades. Esta es la clave para que el cliente se comience a ver reflejado en la propuesta y que al final de esta parte de la presentación diga «Si, al menos me describes a mí». «Ese soy yo».

**Un cliente desordenado desordena al asesor**

Esta primera descripción de sus necesidades, sirve para que el cliente ordene la relación entre sus necesidades y sus prioridades. Por ello entenderá más fácilmente el por qué de tu propuesta inicial. Estará más centrado y se alineará con tu visión.

Con esta primera aproximación, se estará evitando el primer rebote por la percepción de falta de alineación de la realidad entre ambas partes -*según el cliente*- y estaremos atrayendo su aceptación a través de la cohesión. El cliente pensará algo como «Al fin, alguien que se ha propuesto trabajar a mi medida»

## 2. Presenta las cualidades técnicas de tu oferta

El cliente está ansioso por escuchar tu propuesta. No debes hacerle perder más tiempo ya que ha considerado «mucha colaboración» de su parte el haber respondido a tus preguntas. Por ello, el segundo paso en la presentación y promoción de los productos es precisamente: ¡Presentarlos!

> ...Tal vez te creas muy astuto tratando de influir con palabras insertadas que entrarían en la psiquis del cliente sin que éste se dé cuenta de tu estratégica acción. Mentira. Eso no funciona así...

La presentación debe ser estrictamente objetiva. No trates de adornar la presentación con adjetivos calificativos como:

- Aquí te presento una «bella» camisa
- Te presento una muy «hermosa» selección
- Te ofrezco una «muy interesante» selección de productos
- Te quiero presentar una «magnífica opción» para tu negocio
- Esta es una solución «ideal» para tu familia

Más temprano que tarde, los adjetivos los hará él cliente y será su visión la que valga. Se recomienda no adjetivar la presentación pues tu «adorno» puede ir en contra de tus objetivos. Veamos por qué:

La adjetivación va a crear confusión en la mente de tu cliente. Tal vez te creas muy astuto tratando de influir con palabras insertadas que entrarían en la psiquis del cliente sin que éste se dé cuenta de tu estratégica acción. Mentira. Eso no funciona así. Lo que sucederá en la mente del cliente es que considerará que estás tratando de influir sobre su primer pensamiento crítico, que tal vez no tengas la confianza suficiente en el producto y por ello adornas tu propuesta. El cliente es más inteligente de lo que tú piensas y siempre está probando tu objetividad para no sentirse utilizado por un vendedor inescrupuloso. Así que adornar la oferta con adjetivos puede colocarlo en un cuadrante de suma cautela pues considera que «algo» ocultas. Sobre todo cuando se trata de los primeros contactos. Evita toda posibilidad de sospecha.

...Respeta la duda, incomprensión o posturas iníciales de defensa o rechazo del cliente....

De igual forma, puede considerar que está frente a un vendedor inexperto, quien cree que con adjetivar podría influir sobre su decisión. Si te muestras como inexperto adjetivando también pierdes. A la larga te reconocerá como poco objetivo, reconocerá que aunque se trata de un buen producto o servicio está frente a quien es vulnerable a su opinión y créeme que destrozará tus tarifas, condiciones y márgenes de ganancia.

## Luce limpio y objetivo

Así pues que todos estos «adornos y adjetivos» van en detrimento de la percepción que el cliente tenga sobre ti. Por una u otra causa. Dado que el acto de consumo es emotivo y no racional, debes proceder, lucir y actuar como un asesor neutral que jamás tratará de influir sobre la toma de decisión. Solo debes lucir como quien ofrece lo mejor del mercado para tu cliente. Así que en vez de adornar tu propuesta con frases y palabras bonitas, eres tú quien en esta fase debes asegurarte de demostrar:

- Seguridad en ti mismo y en tu propuesta
- Experticia / Seniority
- Profesionalismo
- Seriedad
- Confiabilidad
- Objetividad
- Cortesía / Simpatía / Amabilidad
- Paciencia
- Conocimiento del producto
- Conocimiento del cliente

Por ello, al momento de desarrollar la fase de la presentación del producto:

- No vaciles
- No bromees o hagas chistes –*El cliente pensará que haces chistes pues estás nervioso ya que tu propuesta es dudosa*–
- Ni intentes reconocer su opinión al iniciar la presentación y promoción
- No te muestres indeciso

146

## Clientes Lithofásicos *-o cara de piedra-* son parte del show

Aún cuando el cliente esté conectado emotivamente contigo desde el principio de la entrevista, posiblemente para el momento de la presentación del producto, bien o servicio se transforme, esté serio y cambie de postura mental o hasta física. Posiblemente actuará como una persona distinta de aquella con quien iniciaste tu acción de ventas. Tratará de cambiarte las señales. Estará más serio (a). Si te pones nervioso frente a su rostro incómodo y tratas de relajarlo con chistes o preguntas sobre su apreciación ¡Pierdes! No lo hagas. Que no te confunda. No caigas en su terreno de negociación. Comprende que ese rostro serio del potencial cliente se debe a que éste también inicia un ciclo frente a ti: la negociación de compra; y si es un comprador experto tratará de hacerte sentir vulnerable para que estés más blando al momento de arribar a acuerdos a su favor.

En circunstancias normales quien compra puede actuar como desinteresado, con caras de piedra, como si le fastidia tu propuesta. Pero por algo te está escuchando. Así que tranquilo. Dado que el cliente está en su posición de defensa *–consciente o subconscientemente-* debes mantener una actitud de profesional serio y seguro. No temas o caigas en el terreno del depredador psíquico del cual hablamos en el paso número 1.

Respeta la duda, incomprensión o posturas iníciales de defensa o rechazo del cliente. O se trata de un verdadero mecanismo de defensa o se trata de una actuación teatral del comprador. Ante ambas posibilidades debes estar calmado y hacer tu actuación teatral del asesor seguro. Cuando ambos están serios, en un marco de cordialidad, ambas partes saben que el otro está haciendo bien su trabajo. A muchos clientes les agrada estar frente a alguien conocedor de los trucos del negocio.

## Ya el cliente sabe que le conoces que actúas profesionalmente: ahora presenta oferta.

Ya sabiendo que debes ser objetivo, comienza por ofrecer una descripción técnica de la propuesta que tienes para el cliente. En esta descripción técnica se ha de mostrar con absoluta paciencia, orden y detalle qué se está ofreciendo a nivel de:

> ... tú debes ser explícito con tu cliente a nivel de las características técnicas del producto y acomodar el tecnicismo del lenguaje al nivel del auditorio o del cliente que está frente a ti...

- Tipo de producto, bien, servicio o combinación de éstos
- Cantidades ofrecidas
- Variedades y modelos de producto ofrecido
- Si se trata de un producto manufacturado debes ofrecer datos sobre su origen, fabricación, propiedades, usos y características funcionales como aplicabilidad y novedades técnicas.
- Si es un bien -*bien-inmueble, propiedad, o maquinaria*- se debe explicar su composición, conformación técnica, características, beneficios, elementos a su favor, límites del beneficio, tipos de uso, y cualidades para su modificación, ampliación o actualización.
- Si se trata de una propuesta de servicios, ofrece cuidadosamente las cualidades del mismo como dónde y cómo se generará el servicio, tiempos de respuesta de tu parte, fases o resultados intermedios, límites técnicos del servicio a nivel de lo que abarca y lo que no abarca y los aportes o requerimientos del proveedor. En servicio eso se llama «Enfoque y alcance» de la propuesta.

**Valores agregados**

- En ventas, los valores agregados suman mucho. Pues sin duda están planificados para hacer la experiencia de uso del producto, bien o servicio más grato al cliente. Si el producto ofrece un elemento que lo diferencia del mercado y ofrece un beneficio al cliente bien sea a nivel de certificaciones de calidad, composición, resultados esperados tras su uso, o garantías de postventa este es el momento de indicarlo.

En general, esta fase es importante pues el cliente quiere conocer las cualidades de su inversión. Cuando tú estabas aprendiendo sobre la geografía de tu nación, te detallaban técnica y cuantitativamente las características de su extensión territorial, composición fluvial y montañosa, sus ventajas competitivas para determinadas actividades agropecuarias, industriales o turísticas. Sin embargo, para apoyar esta descripción cuantitativa, los profesores te mostraban fotografías sobre rutas, pasajes, ríos y lagos.

De esta misma manera. Si puedes apoyarte en gráficas, fotografías, muestras del producto o modelos del mismo, este es el momento de hacerlo.

> ...Los beneficios del producto, servicio o solución que intentas vender, serán una variable poco atractiva para el cliente si lo presentas de manera genérica...

## 3. Vincula al cliente con el beneficio de la propuesta.

Una vez que el cliente ha escuchado, visto o hasta sentido *–tocado, escuchado, probado, saboreado–* las cualidades técnicas del producto, bien o servicio que ofreces, y has sido detallista en esa fase de información técnica, el cliente se preguntará porque has seleccionado «esa» propuesta para él o cómo le beneficiaría. Porqué le presentas esa opción de solución. Por qué a tu juicio esa es una excelente inversión para tu cliente; aquí entrarás en la promoción de tu propuesta.

Para promocionar tu propuesta debes ofrecer información detallada del porqué a tu juicio, consideras que tu propuesta es la mejor dada su realidad. El cliente está ansioso de saber porqué, de acuerdo a tu visión experta, se elevará, triunfará o resultará favorecido. Está inquieto *–aunque no lo demuestre–* de saber porqué ese producto es especialmente beneficioso para él y sus circunstancias.

### Para recomendar una solución innovadora

Ferra Adrià, el reconocido Chef catalán, conferencista en Harvard y en MIT, y especialista en el área de la innovación como concepto de vida, nos ofrece un dato muy útil: "La primera señal de que estás innovando es que la gente no te entiende". Si llevamos este concepto al área de las ventas, podemos concluir que para que el cliente no te rebote y le compre a otra persona, si acaso el cliente va a recibir de ti una propuesta innovadora, o con algún rasgo de innovación, bien sea en el producto, servicio o en el sistema de presentación, cárgate la pila de la paciencia y para ponerte en «modo cliente» reconoce que le estás hablando de un producto, servicio, estilo de trabajo u oferta con la cual no está familiarizado. Se recomienda entonces que no etiquetes a tu cliente de terco, ignorante, atado al pasado o necio y explícale con más sencillez de lo usual en ti, y con ejemplos de su vida diaria, el porqué consideras que esa nueva perspectiva de solución le será beneficiosa. Escúchale pacientemente y si no capta tu propuesta tras tus amables esfuerzos, sonríe, aborta tu innovadora propuesta, bájale el nivel y adecúalo. Lo importante es mantener al cliente –*poco a poco irá cambiando*–. Si no eres paciente…otro lo será por ti.

## No generalices el beneficio: Olvídate del *Café para todos*

El beneficio genérico de tu propuesta lo puede leer en el folleto o se lo ha podido imaginar. Si generalizas, el cliente lo tomará como un atajo de tu parte, pensará que desconoces tus productos, o que aprovechaste muy poco la información que te ofreció en la pasada sesión exploratoria. La verdadera clave en el éxito de la venta a través de la presentación del beneficio radica en que el cliente comprenda que el beneficio del cual le hablas es un beneficio a su medida. Así que nada de:

- «A la gente le gusta»
- «Te verás muy bien»
- «Serás más exitoso»
- «Gustarás más»
- «Perderás menos dinero»
- «Tus clientes estarán más contentos»
- «Tu estarás más tranquila (o)»
- «Ganarás tiempo»
- «A otros clientes como tú les ha ido bien»
- «Te lo mereces»

No vas a convencer al cliente con esas frases *semi* a la medida o más o menos estandarizadas. Para facturar, a las frases anteriores debes añadirle el por qué. Es decir, el razonamiento del beneficio, que desde los zapatos del cliente, va a obtener, en el presente y futuro inmediato. Es decir, beneficios detallados desde su mundo, marco de necesidades, objetivos y aspiraciones que te dijo antes -*Los elementos que conociste en la sesión exploratoria-.*

Mientras más explicito y detallista seas en el beneficio para el cliente te acercarás más al cierre de la venta. Así que métete en la mente del cliente y razona los beneficios desde su perspectiva u objetivos. Él lo agradecerá. Puedes hacer que el cliente intervenga en

> "La primera señal de que estás innovando es que la gente no te entiende".
>
> **Ferran Adrià**

esa descripción de beneficios. Si quieres facturar rápido y en repetidas oportunidades con el mismo cliente, olvídate de los beneficios genéricos que no terminan de hacer *Click* en la mente del potencial cliente. Corres el riesgo de que el cliente te despache. Recuerda: En las ventas efectivas, el «café para todos» no sirve. Así que...

- «Te verás muy bien porque de acuerdo a lo que indicaste...»
- «Serás más exitoso porque tú necesitas...»
- «Gustarás más porque de acuerdo a tus palabras...»
- «Perderás menos dinero dado que con base en la realidad de tu empresa la situación es...»
- «Tus clientes estarán más contentos...recuerda que la última vez...»
- «Tu estarás más tranquilo ya qué...»
- «Ganarás más tiempo por cuanto...»
- «A otros clientes como tú les ha ido bien pues...»
- «Te lo mereces ya que de acuerdo a lo que me comentaste...»

**Destaca los beneficios intangibles del producto: también a la medida del cliente**

Más allá de lo técnico ¿En qué beneficiaría esta propuesta al cliente? El orgullo de poseer el producto, ser parte de un grupo exclusivo, la tranquilidad y el sentido de libertad, la necesidad de orden y control del cliente entre otros componentes intangibles del beneficio al cliente que sentirá, percibirá o arribará tras el uso de tu producto, bien o servicio son beneficios que deben ser presentados ante el cliente de forma detallada.

> ...Mientras más explícito y detallista seas en el beneficio para el cliente te acercarás más al cierre de la venta. Así que métete en la mente del cliente y razona los beneficios desde su perspectiva u objetivos...

Como puedes observar, la sesión exploratoria con el cliente es importante, es vital; pero para que te haya ofrecido datos claves, tuviste que lograr antes un clima de confianza que comenzó por una conexión emotiva, y todo precedido por una excelente presentación y contacto inicial. ¿Ves la importancia de la secuencia en retrospectiva? y si a esto, le sumas los conocimientos adquiridos en los pasos 1,2 y 3 donde te relacionaste con tu capacidad de ser buen asesor, venciste a tus temores y derrotaste tus monstruos, trabajaste con tu cliente ideal y reforzaste el conocimiento de lo que ofreces, podrás apreciar mejor el por qué de la propuesta de este libro.

### Destacar los beneficios tangibles e intangibles: siempre en los zapatos del cliente

Cada uno de los razonamientos que esgrimas plantéalos siempre a la medida y desde los zapatos del cliente. Aquí el orden es fundamental. No podemos ser desordenados en esta fase. En ningún escenario. Aun si comercializas productos de consumo masivo, selectos desarrollos inmobiliarios, pólizas o hasta proyectos, calza los zapatos del cliente y se ordenado. Inclusive, hay asesores del cliente muy exitosos que indican al cliente cómo será el proceso de presentación. Para que mantengas el orden en la presentación y el cliente te acompañe mentalmente a lo largo de tu propuesta te recomiendo la técnica de presentación 1 x 1.

### Para hacer ordenada tu presentación de ventas ante el cliente: Técnica 1 x 1

Esta técnica de presentación de soluciones denominada «Técnica 1x1» es muy utilizada por los asesores triunfadores en ventas en todos los ámbitos a nivel mundial. Aquí el asesor, lejos de presentar un ramillete de productos para que el cliente se imagine cómo este entrará en su vida y le ayudará, ofrecerá en orden una explicación de la propuesta donde proveerá solución por cada necesidad detectada. Y así se lo transmitirá al cliente. Esta técnica se denomina 1 x 1 ya que ante cada necesidad detectada le vas a ofrecer una solución.

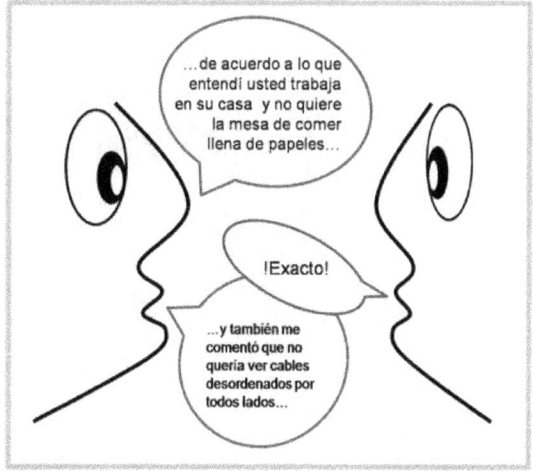

Tomando en cuenta la data obtenida en la sesión exploratoria, el asesor ofrecerá al cliente información verbal de todas las situaciones actuales incómodas para el cliente, detectadas en la sesión exploratoria. Es decir, el asesor del cliente debe exponer al cliente, aclarar y/o puntualizar lo que él entendió que serían las razones por las cuales el cliente está interesado en un producto o servicio, o lo que sucede en la vida del, cliente sin el producto o servicio que el asesor del cliente puede ofrecer. Una por una.

Dado que se trata de una conversación entre el asesor y el cliente, este último se dará cuenta que el asesor le prestó verdadera atención. No está mal si la sesión exploratoria es apoyada por un ejercicio de escritura por parte del asesor del cliente, ante la cual el cliente se verá gratamente sorprendido pues se denota que el asesor del cliente estuvo realmente interesado en no perderse ningún detalle de las necesidades del cliente.

Una vez que el cliente haya quedado conforme con la descripción que haga el asesor del cliente o parafraseo sobre sus necesidades y el beneficio del producto, de los productos o la combinación de estos a su medida, el asesor del cliente comenzará una nueva fase en la presentación: se trata de la visualización personalizada.

## 4. Visualiza al cliente

Como parte vital de la presentación y la promoción de las soluciones esta la visualización. La visualización hace de acelerador al pro-

ceso de cierre de ventas. Más que prometer, visualizar es compartir con otros –*en este caso con el cliente o los clientes*- un futuro imaginario pero posible en el marco de una concepción coherente. Con el objetivo que el cliente consolide su identificación con las soluciones que el asesor le brinda y se haga más rápido el proceso del cierre de venta, se desarrollará junto al cliente una visualización o descripción detallada de la situación ideal que el cliente va vivir o experimentar cuando utilice, ponga en práctica, implemente o disfrute el producto o servicio. Visualizar es ver juntos el futuro.

En efecto, después de exponer una a una las necesidades expresadas por el cliente, ofrecer las cualidades técnicas del producto, compartir el razonamiento de por qué en particular tu propuesta es beneficiosa para el cliente, desde sus zapatos, seguidamente se ha de desarrollar «con» el cliente la visualización de la situación ideal que vivirá con el uso de tu propuesta, donde no existan las situaciones que le aquejan o le preocupan, y por el contrario se proyecte en su futuro favorecedor. Es importante destacar que la visualización debe hacerse con el cliente. El cliente debe aportar mucho en esta fase. Es un canto a dúo o en grupo, jamás un monólogo.

En un primer momento el asesor debe iniciar una narrativa descriptiva de cómo debía ser la vida del cliente -*natural o jurídico*- sin ese problema o situación incómoda por la cual atraviesa y debe hacerlo para que el cliente sepa que el asesor comparte la misma visión del cliente. Esta narrativa crea lazos con el cliente pues este pensará algo como… «Al fin, alguien que entiende lo que yo necesito y me presenta un futuro posible que me agrada».

Para aumentar la efectividad de la visualización, después de exponer la primera versión del futuro con una narrativa de favorecedor futuro basada en la realidad del cliente, haz que el cliente participe en el ejercicio de imaginación. Esto lo lograrás con:

- Impulso directo a la creatividad del cliente
- Preguntas abiertas sobre su visión del disfrute o aplicación

**Impulso directo a la creatividad del cliente.**

El asesor puede promover la creatividad del cliente al indicar frases como:

- «Ahora quiero que te imagines…»
- «Me gustaría que hagamos un ejercicio de visualización…»

> ...En un primer momento el asesor debe iniciar una narrativa descriptiva de cómo debía ser la vida del cliente - *natural o jurídico* - sin ese problema o situación incómoda por la cual atraviesa y debe hacerlo para que el cliente sepa que el asesor del comparte la misma visión del cliente...

- «Solo piensa en cómo estarás tu en un futuro con esta propuesta que construimos juntos…»
- «Te invito a que consideres cómo estaría el factor tranquilidad personal tuyo y de tu familia si aceptas esta propuesta…»

**Preguntas abiertas sobre su visión del disfrute o aplicación.**

Para que el cliente aporte y ofrezca detalles de un potencial futuro beneficioso las preguntas abiertas pueden servirte si quieres que el cliente viva la concepción del futuro en la conversación:

- ¿Qué crees que opinarán tus clientes cuando le ofrezcas este nuevo servicio?
- ¿Dónde crees que se puedan colocar tus muebles en esta sala?
- ¿Cómo sería el estreno?
- ¿Cómo crees que este equipo pueda servir para tu trabajo?

El ejercicio de la visualización es una tarea que implica animosidad, discreción y confidencialidad entre asesor y cliente. Ambas partes deben retroalimentarse en la acción y el cliente debe ser motivado a estimular su creatividad. Por ello, bien sea con impulsos directos o con preguntas abiertas, el cliente debe resultar animado a vivir con anticipación una situación agradable, provechosa y estimulante.

> ... El asesor puede acelerar la venta del producto o servicio recreando en una conversación, junto al cliente, la imagen del disfrute de los productos o servicios ...

## La visualización del futuro con la solución y sin la solución

### Con la solución ofrecida...

Recreando en una conversación, junto al cliente, la imagen del cliente disfrutando los productos y servicios que le ofrece, con el beneficio de que ya no existe la situación que le incomoda o le puede incomodar, el asesor del cliente debe hacer énfasis en las situaciones agradables, nuevas oportunidades y ganancias para su vida personal que le traerá tener en su vida, tu producto o servicio. Ahí el asesor debe ser detallista y debe saber conducir al cliente para que se imagine en esa situación agradable.

En este sentido, una conversación, donde el asesor del cliente pregunte al cliente cómo sería la vida del cliente con la solución ofrecida resulta un excelente instrumento de venta.

### Sin la solución ofrecida

El asesor puede acelerar la venta del producto o servicio recreando en una conversación, junto al cliente, la imagen del no disfrute de los productos o servicios que ofrece, reviviendo constantemente las mismas situaciones engorrosas o incómodas, perdiendo tiempo, dinero, esfuerzos o calidad de vida. Ahí debes ser detallista y debes saber conducir al cliente para que se imagine reviviendo las situaciones que le aquejan.

Al asesor no debería importarle en ese sentido desarrollar la conversación sobre estos elementos incómodos para el cliente. De igual manera, sería en el marco de una conversación, más que un monólogo el escenario perfecto para esta visualización.

### Presentar tu plan en pequeñas victorias: Una victoria a la vez.

En la mente del asesor ya se ha construido una solución integral al cliente. Y así lo visualizó y lo compartió visualizando los momentos buenos que vivirá el cliente y los beneficios extras que le traerá esta solución, o poniendo el dedo en la llaga de las situaciones incómodas. Pero el asesor comprende también que esta mejora integral en ocasiones no podría ser comprada en su totalidad en un solo momento y es entonces cuando comenzará a ofrecerle un plan de adquisición de servicios y/o productos que poco a poco serán adquiridas por el cliente, en bloques cortos de acción, que una vez en manos del cliente significarán pequeñas victorias para ambas partes.

En ocasiones, si le presentas y promocionas al cliente una propuesta completa, sin potenciales fases de adquisición, podrías estar fuera del rango de precios o acción del cliente. Podrías caer en la zona de rebote. Si la oferta es amplia y el cliente solo visualiza una parte de tu oferta, no pierdas más tiempo y empieza a facturar por esa parte comprendida. No te desgastes tratando de vender todo el paquete. No vendas dos veces; si ya te compraron una fase o parte de la oferta, cierra esa venta y después coméntale la posibilidad de conversar sobre próximas ventas a su medida.

¿Por qué el asesor opta por trabajar la colocación de soluciones cortas y de fácil adquisición para el cliente, de manera consecutiva o secuencial, una tras otra de forma evolutiva, si puede generar una súper acción que propicie la gran venta o la gran facturación de una vez? ¿Es que acaso no toma en cuenta el potencial de compra del cliente? Es decir, ¿Por qué el asesor prefiere dar pequeños *hits*, si puede impulsar el gran *home rum*?

Es simple: A través de esta filosofía de trabajo, el asesor del cliente logrará colocar más productos y más cerrar ventas en menor tiempo, con mucha facilidad pues el cierre de ventas se genera sin grandes procesos, y los centros de tomas de decisión están más cercanos al asesor, ya que la toma de decisión que se le plantea al potencial comprador está dentro de su área de influencia. Esto, en todos los ámbitos de las ventas, desde la toma de decisión de compra que hace el ama de casa sin el permiso de su marido, o la toma de decisión corporativa que hace un gerente o vicepresidente, sin el gran permiso de un comité o ente superior.

Este sistema el usado por los asesores, fluye con más facilidad hacia el cierre de las ventas, que el camino de la gran venta centrada en el producto que acostumbran aquellos quienes tienen mentalidad de vendedor tradicional.

Una presentación y promoción efectiva es un pre cierre. Un acelerador. Al finalizar esta fase el cliente debe estar alineado y completamente al tanto de los beneficios de la propuesta que ofreces; solo está a la espera de los datos relacionados con el precio y las condiciones de pago.

De esto trata el siguiente capítulo: cómo cerrar las ventas. En este sentido, hay buenas noticias: con una excelente presentación y promoción de tu propuesta, donde el cliente se identifique y se motive, será él o ella quien se adelante e indique los detalles finales previos a la compra y estarás a punto de obtener la firma o el pago que tanto deseas.

# Paso 8: Deja de perder tiempo y ¡Haz que el cliente cierre la venta!

**M**uchas veces, al compartir tarima con otros consultores y profesionales de las ventas, me doy cuenta que se le hace mucho énfasis –*tal vez demasiado*– al arte de cerrar la venta. Existen cursos, conferencias, artículos relacionados al cierre de la venta y en torno a este tema, mucha presión, miedos, y negociaciones nerviosas con resultados poco favorecedores para alguna de las partes.

En consultoría gerencial –*e incluso en la vida*– hay un principio que reza: «Cuida tus procesos y los resultados se cuidan solos». Es decir, que en la medida en la cual trabajemos o nos preparemos con anterioridad, se cuiden los pasos previos para el logro de un suceso esperado, este resultará y sucederá con un gran porcentaje de éxito y calidad. El cierre de la venta no es un suceso aislado ni fortuito al final de la acción con el cliente; es el resultado y consecuencia directa de una serie de pasos que se han venido desarrollando muy cuidadosamente entre el asesor y el cliente desde el contacto inicial.

Si cuidamos la calidad de un producto, proceso o servicio desde su inicio, en plena producción, y nos aseguramos que cada fase se ha hecho cuidadosamente, seguramente no hará falta un control de calidad al final de la línea de producción. De eso se trata el enfoque que en este libro le daremos al tema del cierre de las ventas. Cuida tu acción desde el contacto y desde un primer momento trabaja en sinergia con el cliente. Si el cliente ha venido desarrollando contigo la solución, el cierre de la venta está asegurado.

La preparación previa, el trabajo frente al cliente antes de pretender que el cliente diga el SI, es muy importante. Simón Bolívar, el líder de la gesta independentista en Latinoamérica afirmó que para el logro del triunfo siempre ha sido indispensable pasar por la senda de los sacrificios. No se generará un cierre de ventas fluido y cómodo si los pasos previos fueros ejecutados de manera descuidada y poco centrada en el cliente.

### ¿Qué es el cierre de la venta?

El cierre de la venta es aquel momento mágico en el cual el cliente firma el contrato o genera el **visible acto de compromiso de aceptación de la oferta** que le hizo el asesor.

Un «visible acto de compromiso de aceptación de la oferta» significa alguna firma de un contrato, una inicial ofrecida, unos recaudos entregados, entre otros. Esto, más que la simple verbalización de la aceptación, pues en ocasiones el cliente dice... «Si acepto», pero luego no se genera el cierre de la venta.

Al contrario de lo que muchas personas piensan, el cierre de la venta es un acto verdaderamente sencillo si se ha venido trabajando la actividad de preventa bajo el método de la asesoría donde el cliente está consciente de la importancia de la solución ofertada.

Cuando se trata de la actividad de ventas centrada en el cliente, en muchas ocasiones es el mismo cliente que, convencido por el manejo del ciclo de la asesoría comercial, acelera el proceso de compra y emite las frases que dan pie al visible acto de compromiso. Entre estas frases están...

- « Ok. Perfecto. ¿Dónde firmamos?»
- « ¿Me das algún precio especial?»
- « ¿Cómo hacemos?»
- « ¿Aceptas tarjetas de crédito?»
- « ¿Qué necesitas para comenzar a trabajar?»
- « ¿En cuánto tiempo obtengo el producto?»

### ¿Quién cierra la venta?
### ¿Cuál es el papel del asesor en esta fase?

El cliente es quien cierra la venta; nunca el asesor. Desde la fase de la presentación y promoción de la solución ideada, el asesor está entusiasmando al cliente con la visualización de las experiencias positivas que vivirá al adquirir la solución que se le ofrece. Después de lo anterior, seguramente será el mismo cliente quien diga «Yo quiero eso»... -*Por alguna de las dos visualizaciones...o ambas-*.

Lo que hace realmente el asesor en relación al cierre de la venta es impulsar o catalizar el momento en el cual el cliente demuestre o indique la decisión de compra. Este impulso se logra con la expresión de frases que invitan o animen al cliente a la aceptación del contrato o propuesta. Sin embargo, si el asesor trata de forzar la firma del contrato, o el acto de pago, en un momento poco propicio, ante los ojos del cliente se va a perder todo el esfuerzo de manejarse como un asesor, con lo cual se podría entrar en la zona de rebote. Así que es necesario identificar con gran atino y cuidado el momento en el cual vas a impulsar al cliente a la compra de tu oferta.

### Cómo impulsar la toma de decisión del cliente

Cómo asesor, tú tienes una doble misión. Ofrecer la mejor solución al cliente, pero también debes facturar lo más pronto posible. Por ello, existen frases que promueven al cierre de la venta, estas frases deben ser emitidas con:

- La seguridad,
- La tranquilidad, y
- La confianza,

de quien sabe que es la mejor opción para el cliente y realmente lo va a ayudar. Estas frases en un marco de inseguridad por parte del asesor tienen un efecto negativo pues el potencial cliente tiende a dudar.

El asesor en esta fase debe ser un «confiable, gentil pero seguro impulsador». No forzador...ni tímido inseguro. Así que es necesario vencer a los monstruos de los cuales se trató en el paso 1 de este libro. A continuación algunas frases que impulsan el cierre y a la verbalización

- «¿Cuándo le hacemos llegar el primer pedido?»
- «¿El lunes le parece bien que instalemos los equipos?»
- «!Perfecto! el lunes tiene a primera hora el primer lote»
- «Para efectos del contrato te enviaremos el documento vía mail»

- «Justo cuando termine de hablar contigo, mando a hacer la factura»
- «¿A nombre de quién hacemos la factura?»
- «Para efectos del pago ¿Tu tarjeta es debito o crédito?»
- «Ok. Vamos a ir llenando los datos para darte la mercancía»
- «¿Cuál es tu medio de pago?»
- «!Excelente! Mañana vengo con los ajustes de la propuesta para tu firma y la primera factura te la haremos llegar el lunes»
- «Bueno…yo cierro esta venta por ti. Jamás te hemos quedado mal. Ya está decidido. A partir del lunes estamos aquí para trabajar con ustedes»
- «No pierda más tiempo. No siga desgastándose. Comencemos a trabajar para que esté a gusto lo más rápidamente posible»
- «A partir del lunes comenzaremos a trabajar para ti. Te envío la factura hoy»

Estas frases, además de tener que ser emitidas con seguridad absoluta que acreciente la confianza en el cliente, deben ser emitidas en un marco propicio: En el momento oportuno. El asesor debe reconocer el momento oportuno para hacer que el cliente diga «Si acepto…» e inmediatamente haga visible una muestra del compromiso. Lo que no debe hacer el asesor es apremiar o imponer el momento pues el cliente se alertará.

**El momento oportuno para impulsar el cierre de la venta…**

Imagínate que eres un piloto de avión y estás a punto de aterrizar… como piloto debes reconocer indicadores especiales claves como velocidad, inclinación del avión, características de la pista, visibilidad, etc. Si no les haces caso a los indicadores, posiblemente vas a tener un aterrizaje forzoso o quizá te estrelles. Tú puedes actuar como un piloto suicida al tratar de forzar el cierre de ventas en un momento poco propicio, o actuar como un piloto sensato que aterriza el avión en el momento propicio. El piloto debe reconocer el momento adecuado para comenzar a aterrizar. Así mismo debe hacer caso a sus instintos…los mismos no son mensajes de los Dioses. Instinto es experiencia acumulada en el inconsciente, la cual alerta sobre procesos claves.

## Para cerrar la venta: Hay que planchar cuando la plancha está caliente

Si acaso el cliente no ha demostrado antes su interés por cerrar la venta, el asesor debe impulsar el momento. Pero ¿Cuándo hacerlo? Se impulsará el cierre de la venta cuando se perciba en el cliente signos visibles de emocionalidad. Esta emocionalidad está relacionada a sensaciones como deseos, insatisfacciones, confianza, ánimo, molestias, ansiedad, confianza, entre otros.

Por ello, a continuación se ofrece un listado de los momentos en los cuales el asesor puede detectar esos signos visibles de emocionalidad y debe catalizar el cierre de ventas por parte del cliente con una frase impulsadora. Estos signos visibles de emocionalidad se refieren a cuando el cliente está:

- Inicialmente predispuesto
- Convencido por argumentos
- Disgustado con el actual proveedor
- Dudosamente convencido
- Recordando la visualización

### Inicialmente predispuesto

Tú puedes emitir alguna de las frases impulsadoras que dan pie al cierre de la venta si observas que el potencial cliente ya tiene la idea de contratar tus servicios o comprar un producto. No vendas dos veces ni des espacio para la duda.

En ocasiones el cliente llega con la idea de comprar y su percepción de la solución está alineada con la visión de quien le atiende. Pero de manera insólita no se desarrolla la venta pues es el representante comercial quien pone trabas. Si tú observas que el cliente está solicitando algo razonable en relación a su necesidad… ¡Cierra la venta! No trates de abusar del momento o de la predisposición pues el cliente percibirá que te tratas de sobrevender.

Concreta la primera venta, factúrala y cobra tu comisión. Haz el seguimiento para que se entregue el servicio con el tiempo y la calidad prometida. No te olvides del cliente y las demás mejoras manéjalas como postventas para próximas ocasiones. Recuerda que el asesor actúa como el vendedor de salamis… vende unas rodajas hoy, luego otras rodajas mañana.

## Convencido por argumentos

Si el potencial cliente comienza a defender tus visualizaciones y argumentos, y además le agrega valor con comentarios propios a favor, o fortaleciendo el marco de argumentos tuyos, ya está convencido con tus argumentos o visualizaciones.

Si el potencial cliente emite frases como:

- «Es verdad…tienes razón…imagínate que…»
- «Es cierto lo que dices…a mi me ha pasado mucho»
- «Definitivamente no quiero volver a vivir esos momentos desagradables»
- «Claro que quiero cambiar para ser más exitoso»

No pierdas tiempo. Si esperas más, la torta se quema o se enfría. Entonces sin duda, inmediatamente, móntate en la misma ola en la cual se montó el potencial cliente y emite con seguridad y ánimo algunas de las frases se indicó para el cierre de la venta.

## Disgustado con el actual proveedor

Si observas, en medio del discurso del potencial cliente, o a través de la sesión exploratoria que el cliente está disgustado o inconforme con su actual proveedor o con su sistema de soporte, y acude a ti no trates de hundir al competidor ni de hacer leña del árbol caído. Recuerda que el potencial cliente te está estudiando. En ese caso, acompaña al cliente con frases o palabras como:

- «Comprendo»
- «Tenemos excelentes noticias para usted»
- «Ya sabemos de caso como el suyo»
- «Tranquilo. Estamos aquí para servirle»
- «Aquí le podemos ofrecer una variada gama de productos dentro de la línea que usted verdaderamente necesita»

- «Quiero que conozca nuestros sistemas de servicio y postventa»

Analiza exactamente porque el cliente está descontento. Si consideras que a pesar de la sensación de disgusto aun no tienes data suficiente para hacer una oferta, genera una breve sesión exploratoria y emite seguidamente una presentación de las soluciones. Luego, emite alguna de las frases de impulso al cierre.

## Dudosamente convencido

Una vez desarrollada la sesión exploratoria -*recuerda que debes ser breve*- el potencial cliente puede estar consciente de que la solución que le ofreces es correcta. Pero aun tiene dudas. No te molestes, ni vuelvas a desarrollar todo el proceso de asesoría comercial. Con seguridad, busca aliados entre tus compañeros o sus acompañantes. Regularmente lo que necesita el potencial cliente es apoyo moral o motivación. La duda de la mejor compra la experimentamos todos alguna vez.

En este caso, reitera la calidad de tus servicios y asegura la satisfacción. Cuando el silencio se apodere de tu cliente…simplemente míralo con confianza. Está buscando tu verdadera intención. Dale alguna garantía visible -*Devolución por inconformidad, manejo personal de tu parte si hay algún potencial disgusto, descríbele los mecanismos de garantías con los cuales cuenta, entrégale tu numero personal de teléfono*- y por supuesto, anímalo con alguna frase de las que se mencionan como impulsadoras.

## Recordando la visualización

Existen momentos en que el ejercicio de visualización fue tan potente que queda grabado en la mente del cliente. Si aun el cliente no ha cerrado la venta pero comenta sobre la visualización del uso de la solución que le ofreces o de la visualización de los momentos desagradables que podría vivir sin el uso de tus productos, oferta o solución, es el momento de animarlo, dándole la razón, comentar y fortalecer tus comentarios sobre la visualización y generar una de las frases impulsadoras del cierre.

## La importancia de planchar cuando la plancha está caliente

El siguiente gráfico identifica las situaciones finales en relación al cierre de la venta que suceden como resultado del impulso manejado en distintos escenarios por parte del asesor.

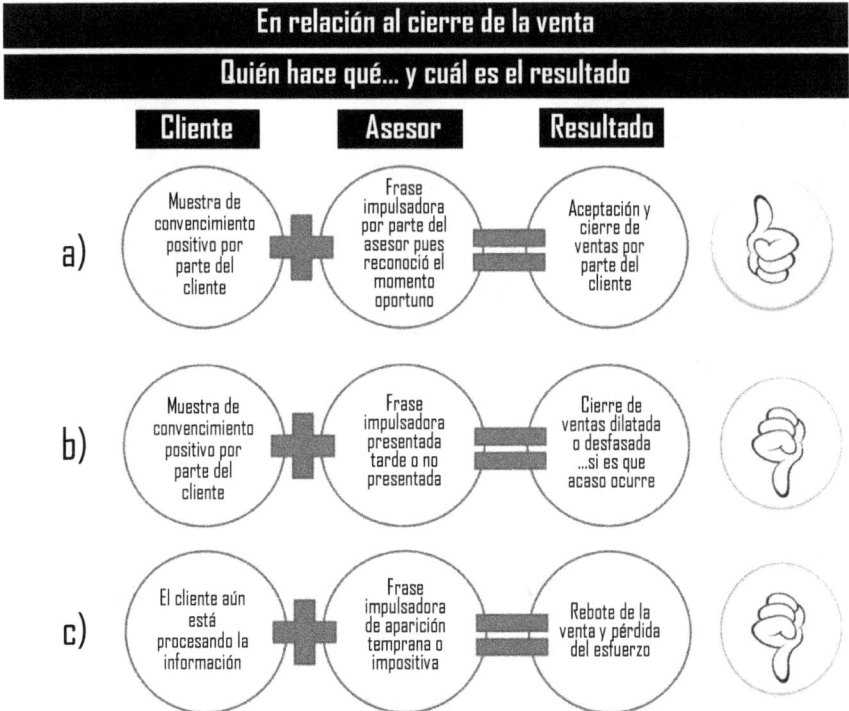

| En relación al cierre de la venta | | |
|---|---|---|
| **Quién hace qué... y cuál es el resultado** | | |
| **Cliente** | **Asesor** | **Resultado** |

**a)** Muestra de convencimiento positivo por parte del cliente **+** Frase impulsadora por parte del asesor pues reconoció el momento oportuno **=** Aceptación y cierre de ventas por parte del cliente 👍

**b)** Muestra de convencimiento positivo por parte del cliente **+** Frase impulsadora presentada tarde o no presentada **=** Cierre de ventas dilatada o desfasada ...si es que acaso ocurre ✊

**c)** El cliente aún está procesando la información **+** Frase impulsadora de aparición temprana o impositiva **=** Rebote de la venta y pérdida del esfuerzo 👎

## Precaución al momento del cierre o impulso al cierre

No utilices técnicas «atrapa bobos» o «trampa jaulas». Olvídate de técnicas donde el cliente debe decir tantas veces sí y luego tu lo atrapas con el ultimo sí. Todo eso es falso. Lo único que te sirve para cerrar correctamente una venta, aparte de unos pequeños impulsos como el que ya vimos, es manejar la asesoría al cliente. En la asesoría comercial no se hace tanto énfasis al momento final.

### ¿Cómo presentarle los precios al cliente?

Se recomienda ofrecer los precios de tu servicio o producto cuando tengas la certeza de qué desea exactamente el cliente. Cuando sepas exactamente el tipo de producto, la calidad requerida, la cantidad, los tiempos de uso, de entrega, y su esquema de implantación será cuando podrás tener una idea del precio final. Por ello, ofrecer el precio de manera anticipada te puede procurar una mala jugada pues el cliente mantendrá en su mente el precio que dijiste en una primera oportunidad. Explica al cliente que como asesor comercial prefieres ofrecer el precio una vez escuchado al cliente, generada la sesión exploratoria, generada la solución y corroborada la respuesta positiva de la oferta técnica, y será entonces cuando se puede ofrecer el precio.

> ...Si el cliente te ha dado un indicador de cierre de ventas de algún producto o servicio en alguna de las fases del contacto con el cliente y sabe lo que está pidiendo y por qué ¡Móntate en ese autobús! No pierdas el momento...

Por supuesto que existen tipos de productos con el precio ya indicado en la etiqueta, ahí si puedes y debe actuarse de manera directa. Sin embargo, si en tu negocio requieres generar una propuesta de valor, un trabajo personal y/o de diseño para generar el servicio, la información del precio debe ser al final.

### En el caso de que el cliente insista

En ocasiones antes de culminado el proceso, el cliente insiste en conocer el precio. En ese caso hazlo. Debes responder con seguridad y rapidez, pues de lo contrario, el cliente no prestará atención a tu proceso de desarrollo de la solución. Sin embargo, como desconoces los precios de toda la solicitud del cliente puedes ofrecer un rango de precios. Pero inmediatamente, después de ofrecer los precios indica que pueden variar, pero para ello debes terminar de construir la solución a la medida.

## El precio como elemento de cierre de la venta

Si el cliente objeta los precios que ofreces por considerarlos altos, no dudes en hacerle ver que tú estás en el mercado de la calidad, y no de las ofertas, y que en el mercado de la calidad un precio bajo puede poner en riesgo la calidad del producto y del servicio esperado.

Si el cliente te pide una rebaja, complácelo, pero no bajes mucho. Apenas un pequeño porcentaje pues rebajar mucho coloca en tela de juicio tu esquema de generación de precios inicial. Además, al rebajar el precio elimina algo de la oferta técnica. No es prudente rebajar precios y mantener la misma oferta técnica.

Frases como ésta te pueden ayudar a cerrar la venta si el cliente objeta el precio:

a) «La calidad y la experiencia tienen un precio superior»
b) «Trabajamos con materiales de calidad superior...es por vuestro beneficio»
c) «Dentro del esquema de nuestros precios no encontrarás una oferta técnica igual»
d) «¿Cuánto cuesta tu satisfacción y tranquilidad?»

La seguridad y confianza al momento de ofrecer los precios genera una credibilidad en el cliente que acelera la toma positiva de decisión. Si eres tímido al dar los precios, dubitativo o muy complaciente, quedarás en un nivel de vulnerabilidad.

Como podrás haber visto, el tema del cierre de la venta cuando se trata de una actividad asesora centrada en el cliente es un paso sencillo pues ya el peso de la actividad ha sido distribuido en varias fases y en dos actores: el cliente y tú. Sin embargo recordemos algo: Es preferible decir «De acuerdo. Le vendo este producto» –*aunque sea pequeño*- a decir «Este cliente no comprendió toda la gama de posibilidades y se fue».

En nuestro recorrido acompañando a fuerzas de ventas para identificar sus áreas de oportunidad se ha visto que existen ocasiones cuando el cliente es explícito, directo y seguro de su solicitud, u ofrece claramente frases que evidencian emocionalidad con lo cual un asesor atento y en alerta podría concretar el cierre, y el representante de ventas no cierra bien sea porque no está atento al cierre, quiere colocar otro producto, cree que el cliente no sabe lo que necesita, el producto solicitado no genera mucha comisión o porque sencillamente está en algún tipo de zona de confort.

**Es un arte**

Finalmente recuerda que el hecho de estar alerta, atento y a la espera de algún rasgo visible de emocionalidad, solicitud, momento ideal con el cliente para concretar el momento del cierre y mantener activados tus radares para emitir de tu parte una frase impulsadora, es un arte complejo pero fácilmente aplicable. Aún cuando se tiene necesidad o hambre, debes mantener el equilibrio entre actuar con animosidad y cortesía pero también con la seguridad de quien tiene muchos contratos ya firmados y clientes en lista de espera. No te desesperes ni llames mil veces al cliente para acordar una venta. Mantén la calma y visita a otros cien clientes.

# Qué hacer cuando el cliente dice ¡NO! ¿Cómo manejar las objeciones!

## Paso 9: Las objeciones del cliente. Aprende a superar los NO

Ya estamos entrando a un terreno que es la piedra de tranca para muchas personas que intentan introducirse en el mundo de las ventas. Se trata de las objeciones. Las objeciones son el conjunto de excusas o argumentos que el cliente ofrece para no tomar la decisión de compra en un momento determinado. Son los diversos NO que da el cliente. A veces de manera directa y a veces de manera indirecta o soslayada

A nivel de negociación, frente al asesor o al vendedor tradicional -*ya conoces la diferencia*- bien sea por una realidad, por miedo, por fastidio, o por un automático mecanismo de defensa, -*defensa a su espacio, a su intimidad, a su dinero ahorrado*- el potencial cliente puede ofrecer un «NO» como saludo, como respuesta, como despedida, e inclusive en el intermedio de la entrevista.

Por ello, aunque tratemos sobre este punto casi al final del libro, en realidad las objeciones se presentan en cualquier momento durante el contacto con el cliente.

### Cuando el potencial cliente dice NO, es cuando comienza el negocio

Ese «NO» es capaz de paralizar al asesor. Es capaz de intimidar a alguna persona que ciertamente tenga un excelente producto o servicio. En reiteradas oportunidades, he topado con personas que dicen no reconocer la causa de su poca facturación, y cuando comienzo a explorar su método de venta, se puede verificar que precisamente su falla radica en la imposibilidad de superar algunas objeciones.

## Fútbol americano. No tiro al blanco

La verdadera esencia del manejo de las objeciones, radica en que el hecho de superarlas no es en sí mismo un sinónimo del cierre de la venta, pero definitivamente nos acerca a este punto. Imagínate que estás en un campo de fútbol -*Fútbol americano*- y tú tienes que llegar a un objetivo específico dentro del campo; para ello debes superar múltiples barreras que en el caso del juego son los integrantes del equipo contrario quienes tratarán de imposibilitarte el paso.

Como buen jugador tratarás de superar al primero, una vez conseguido superar esta barrera, tratarás de superar al segundo contrincante y más tarde al tercero, al cuarto o al quinto hasta cuando finalmente llegues a tu objetivo o le hagas un pase a un compañero quien estará más cercano a la meta. En el caso de las objeciones, ocurre lo mismo. En la entrevista con un potencial cliente, éste podría colocar frente a ti múltiples barreras.

La idea es que las superes todas hasta anotar un punto a tu favor. Superando una objeción a la vez, lograrás cerrar la venta a través del desarrollo secuencial de «pequeñas victorias». Solo así se logrará llegar a la meta. En este caso, llegar a la meta significa conseguir la firma del contrato. Si acaso no es la firma del contrato pues en tu negocio no se firman los contratos para generar un cierre de ventas, entonces será que adquiera el producto o servicio y pague por ello.

Al igual que en el fútbol americano o rugby, no por haber superado tan solo una barrera, el jugador anotó y triunfó. Tampoco ocurrirá así en el terreno de las ventas. No por hacer derribado una objeción, el asesor cerrará la venta.

Desafortunadamente muchas personas que están novatas en el campo del comercio, no ubican al manejo de las objeciones como un juego de fútbol americano y por el contrario consideran que el manejo de las objeciones es como el juego del tiro al blanco, y creen que con tan solo un movimiento espectacular, se firmará el contrato. Un lanzamiento y ya. Pues no. Así no resulta la mayoría de las veces. Por lo menos en mi experiencia. Es un juego de superación de barreras. Uno a uno.

Y ¿qué sucede entonces con las personas quienes considerando que este manejo de superación de objeciones es un tiro al blanco no atinan dar en el «blanco» con tan solo un lanzamiento? Pues se deprimen, se frustran y comienzan a bajar la intensidad de la pasión en la negociación. Cuando esto ocurre simplemente abandonan el campo.

Para quienes tienen poco tiempo en el negocio de las ventas el no saber manejar las objeciones definitivamente es un duro golpe para su sana intención de llegar a firmar un contrato con lo cual se van desilusionados y cansados.

**Negativas. No preguntas.**

Otro aspecto que parece obvio, pero para muchas personas no lo es, radica en el hecho de no poder reconocer qué exactamente constituye una objeción y cuál es la diferencia con una pregunta. La primera tiene como objetivo detener al asesor y la segunda tiene como intención informarse sobre algún aspecto que le interesa o le preocupa.

Por ejemplo: Si el cliente dice ¿No será muy caro para mí? O ¿A qué se refiere usted con maxi plazos? Esas son preguntas simples que hace el cliente potencial con el objetivo de conocer más, pero jamás hay que confundirlas con objeciones. Las objeciones se relacionan a otro tipo de expresiones como «No quiero», «No puedo», «No me interesa». En las primeras expresiones se tratan de informar y en las segundas la intención es detener, evadir o defenderse.

**De cero a quince**

En cada entrevista frente a un potencial cliente, se puede presentar en promedio, de 0 a 15 objeciones. *-Inclusive podrías encontrar objeciones combinadas-* Pero hay buenas noticias: Existen mecanismos para superar esas objeciones. Pero recuerda: Una victoria a la vez...objeción por objeción. Por lo pronto vamos a decir que existe un ciclo para manejar de manera efectiva a las objeciones.

## El ciclo de superación de objeciones

El ciclo para manejar las objeciones es fácil de trabajar y ponerlo en marcha. La verdad es que una vez que se aplique este ciclo, el asesor hará de las objeciones, más que un obstáculo, instrumentos capaces de ayudarlo a cerrar ventas. Veamos este ciclo:

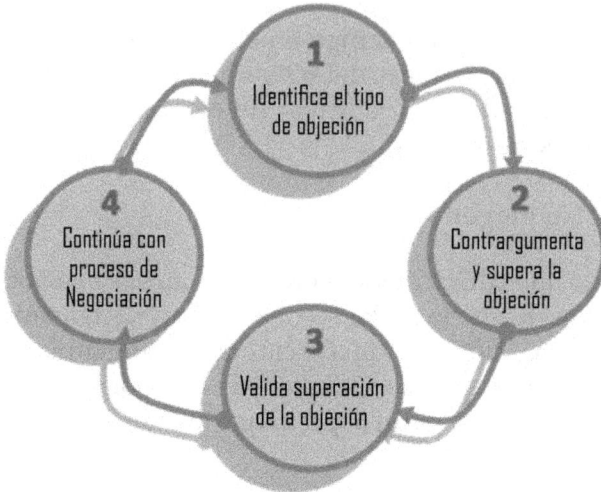

El Ciclo de superación de objeciones

Este ciclo está compuesto por las siguientes fases o acciones que debes aprender a desarrollar:

1. Identifica el tipo de objeción
2. Contra argumenta y supera la objeción
3. Valida superación de la objeción
4. Continúa con el proceso de negociación

## 1. Identifica el tipo de objeción

Para comenzar a trabajar las objeciones debes saber que las mismas no son un conjunto inexacto de excusas. No son un montón de argumentos sin fin y sin orden.

Tal vez el potencial cliente desarrolle un tiroteo de objeciones, pero el asunto es que el asesor puede reconocer a cada una y tendrá mecanismos para contra-argumentar.

**Las objeciones y sus tipos.**

Vamos a comenzar explicando que en líneas generales existen siete -07- tipos de objeciones:

1. Objeciones de incapacidad
2. Objeciones de preferencia
3. Objeciones de pre abordaje propio
4. Objeciones de tiempo
5. Objeciones de desconocimiento
6. Objeciones de referencia
7. Objeciones de desinterés.

En este capítulo o paso, en las próximas páginas, se ofrecerá información detallada de cómo reconocer, trabajar y superar a cada una de estas objeciones.

**2. Contra argumenta y supera la objeción**

Se supera o se vencen las objeciones del cliente a través de la contra argumentación. La contra argumentación es el sistema de defensa que tiene el asesor el cual le permite eliminar de la mente del cliente, el argumento con el cual pretende rechazar una potencial compra.

El cliente ofrecerá objeciones, pero cuando un cliente dice NO, es cuando el asesor debe saber que comienza el negocio. A continuación se presenta la clasificación de las objeciones junto al nombre de la técnica que se puede utilizar para contra argumentar y superar dicha objeción. Seguidamente se explicarán por separado

| Tipo de objeción | Técnica de contra argumentación |
|---|---|
| Incapacidad | Empoderamiento |
| Preferencia | Lógica comparativa |
| Pre abordaje propio | Experiencias de Apoyo |
| Tiempo | Inversión |
| Desconocimiento | Información |
| De referencia | Argumentos de invitación |
| Desinterés | Motivación |

### 3. Valida superación de la objeción

Validar la superación de la objeción significa cerciorarse de que el cliente ya no tiene la posibilidad de rechazar una oferta por mantenerse en una posición u objeción determinada. Esto se logra aclarando la situación y permitiendo que el cliente salga airoso de su posición. Jamás refutes la objeción del cliente, ni tampoco te molestes por pensar que el cliente tiene una intención oculta y trata de sabotear tu esfuerzo. Recuerda: en negociación, el primero que se molesta ¡Pierde!

Despeja todas las objeciones del cliente, una tras otra. No dejes una sin trabajar. No creas que al cliente se le olvidó esa objeción que precisamente no trabajaste, pues consideraste que ya estaba saldada o fuiste astuto al evadirla. Respóndela, pues al cliente no se le olvidó y de no responderla, esa objeción será la espada que use el potencial comprador para aniquilar tus esfuerzos. No dejes muertos insepultos por ahí. Un muerto insepulto puede levantarse e ir en tu contra en cualquier momento. Bien sea en el contacto con el cliente o en reuniones posteriores frente a terceros.

### 4. Continúa con el proceso de negociación

Fray Luis de León era un monje erudito español del año 1500 quien ejercía como profesor en la Universidad de Salamanca en España. Cuando era joven, tenía enemigos entre sus colegas y correligionarios pues consideraba necesario llevar al vulgo los conocimientos de las sagradas escrituras, hasta el momento mantenidos en el más escondido lugar del mundo católico: el latín. Este Fray fue acusado de traducir algunos textos al lenguaje común y por ello fue procesado por sus contrarios. Estaba impartiendo clase cuando fue arrestado y procesado durante cinco tortuosos años llenos de situaciones muy críticas. Finalmente fue declarado inocente y pudo volver a dictar cátedra en tan prestigiosa Universidad. El primer día al comenzar a dar clases, Fray Luis de León no tocó tema alguno sobre su proceso e inició su charla diciendo «Como decíamos ayer...» y continuó su discurso normalmente. Esta frase ha quedado para la historia y es usada repetidamente por las personas que experimentan situaciones críticas deseando seguir adelante sin mirar al pasado.

Esto mismo debe suceder con quien pretenda manejar una relación de altura con los clientes cuando de objeciones se trata, las objeciones pueden ser inauditas, mal intencionadas, groseras, engorrosas o hasta duras. Otras no; algunas son sinceras, válidas ante el desconocimiento de ti como asesor o la buena intención de tu propuesta de ventas y con eso debes convivir. Debes superar la objeción, el mal momento y continuar...siempre continuar y mantener siempre el espíritu de la frase famosa de este personaje.

**Sobre las próximas páginas**

A continuación se observará como puedes reconocer, tratar y superar los tipos de objeciones aquí presentadas.

# Las objeciones de incapacidad

Las objeciones de incapacidad es el conjunto de negativas o de «NO» que el cliente ofrece al asesor o al vendedor, donde indica que no tiene la capacidad, el poder o la autoridad de cerrar una venta o de contratar algún servicio. Esta incapacidad tiene dos vertientes:

1. Incapacidad decisoria -*incapaz de tomar una decisión*-
2. Incapacidad monetaria -*incapacidad de manejar suficiente dinero para lograr la adquisición*-.

## 1. Incapacidad decisoria

Las objeciones de incapacidad decisoria son aquellos argumentos que ofrece el cliente o representante de la organización donde indica que no tiene la capacidad de tomar la decisión de compra o contratación. Como ejemplos de objeciones de incapacidad decisoria tenemos las siguientes frases que generalmente el potencial cliente ofrece para expresar esta objeción:

* «No tengo el poder de decisión para comprarte lo que ofreces»
* «Eso no lo decido yo»
* «Esas decisiones las toma mi jefe»
* «Esas decisiones las toma mi subalterno»
* «Esas decisiones las toma señora»
* «Esas decisiones las toma mi esposo»
* «Esas decisiones las toma mi padre»

## 2. Incapacidad monetaria

En otras oportunidades, las objeciones de incapacidad también tienen que ver con el dinero. Es decir, el potencial cliente indica que no tiene el dinero suficiente para lograr la adquisición. Veamos algunos ejemplos:

* «No contamos con presupuesto para eso»
* «Ya gastamos nuestro presupuesto»
* «No tengo dinero»
* «Estoy desempleado»

### Contra argumentación para manejar las objeciones de incapacidad: Empoderamiento

Para superar la objeción de la incapacidad decisoria o incapacidad monetaria, el asesor debe utilizar la técnica denominada «Empoderamiento»

### ¿Qué es empoderar?

Empoderar es dar poder, motivar, agregar valor o entusiasmar a una persona hasta convertirla en un instrumento de mayor potencia para tus fines u objetivos. En el caso que nos ocupa, significa potenciar, a través de determinadas técnicas, a la persona quien argumenta no tener el poder o capacidad de decisión de compra para que influya positivamente a tu favor ante terceros -*quienes si tendrían oficialmente la capacidad de decisión de compra en sus manos*- y en el segundo caso, dar poder a la persona a fin de que potencie su esfuerzo comprador y adquiera tu servicio.

Al empoderar a quien dice no tener la capacidad de tomar la decisión, se hará más potente a esa persona quien tiene voz pero no voto, pero que es cercano o allegado a quien aprueba finalmente la compra, provee el dinero o firma el cheque. Es decir, convertiremos a esa persona quien expresa no tener la decisión de compra en un aliado para nuestros fines.

Al empoderar a quien dice no tener la capacidad de compra se llegará al cliente objetivo por medio del desarrollo de un canal *sui generis* para la comercialización quien fungirá como influenciador convirtiéndolo en tu aliado a fin de llegar espacios o niveles donde como representante de ventas no puedes llegar. Es decir, ese aliado será tu voz.

Así que si alguien presenta una objeción de incapacidad por no contar con la posibilidad de tomar la decisión, no te desanimes, te vayas o entregues una tarjeta con tu nombre. La tarjeta no resulta. Casi nunca estas tarjetas fungen como canal de mercadeo. Se pierden en el camino. La acción del asesor debe ser empoderar o motivar a quien tiene al frente para que actúe a su favor frente a terceros.

Veamos cómo puedes lograrlo. Para explicar este punto te presentaremos las zonas por la cual como asesor, debes transitar continuamente para lograr un cierre de ventas:

## Zonas de tránsito en las ventas

El asesor recorre todos los días las zonas de tránsito en las ventas. Estas zonas son las diversas situaciones que puede encontrar el asesor en su intento de establecer un contacto exitoso con el cliente y que culminará en el cierre de ventas. Este gráfico que se ofrece a continuación indica los campos o territorios en los cuales puede transitar el asesor en su intento por cerrar una venta. En función de ello vamos a describir cada uno de estos tres territorios. A saber, estas zonas de tránsito son:

- Zona del Rebote
- Zona del Impulso
- Zona del Ejecutor

Diagrama de las zonas de tránsito en las ventas

## Zona del Rebote

Regularmente, cuando un asesor comienza su recorrido por la conquista de la aceptación de la propuesta, producto o servicio por parte de un potencial cliente se desarrolla un evento clásico: Se comienza a buscar clientes por los canales clásicos. Es decir, las puertas visibles: secretarias, asistentes o desconocidos en las puertas de las casas o edificios. En ocasiones se desconoce quién toma la decisión final de la compra y por lo tanto muchas veces se tocan puertas o se comienzan las conversaciones por el lado equivocado. Un lado que nos hará perder tiempo. El asesor que acuda a los entes equivocados, caerá en la zona de rebote. Es decir, la zona donde evidentemente, la venta no se concretará pues se está contactando con la persona equivocada y quien no está en la capacidad de cerrar la venta...o no está motivado lo suficiente para que pueda ayudarte e influir en el proceso de venta. La zona de rebote es aquella situación o área de la venta donde somos tan vulnerables que se pueden venir abajo todas nuestras intenciones de vender. Vas a rebotar.

**Zona del Impulso**

La zona de impulso es aquella situación donde afortunadamente te encuentras más cercano a quien verdaderamente toma la decisión de comprar tu producto o servicio pues alguien te va ayudar –*impulsar*- a contactar a tu cliente objetivo. Puedes llegar a la zona de impulso cuando trabajas con influenciadores. Cuando estés frente a personas que te indican que no tienen la capacidad o autoridad de comprar tus productos o servicios, debes entrar inmediatamente a la zona de impulso. No insistas en tratar de venderle a esa persona equivocada y mucho menos abandones la intención de venta. Haz que esa persona sea tu aliada. Entras a la zona de impulso tan solo con hacer que quien te está atendiendo, y argumenta no tiene el poder de compra, se convierte en tu promotor interno pues encuentra beneficios personales o profesionales en tu servicio, o simplemente desea ayudarte.

En efecto, la zona de impulso es aquella zona en la cual el asesor tiene la posibilidad de influir en aquella persona quien aunque no tenga el poder de compra, pero si, efectivamente, se contacta de forma más directa con quien pueda autorizar la compra o puede comprar tu producto o servicio. Es decir, esta persona que hasta hace poco decía no tener el poder, será para tus efectos un influenciador. Un aliado. Para ello, debes saber reconocer «quién es quién» en el ámbito que rodea al cliente que pretendes conquistar. Esto se logra con una breve sesión exploratoria, conversación directa con miembros de la familia o empresa.

## Cómo puedes tener aliados influenciadores

Al contactar telefónicamente o llegar a una tienda, hogar, empresa vas a comenzar a conversar con personas. Posiblemente te contactes con una persona que no ayudará a tus fines pues no tiene la capacidad de tomar una decisión a tu favor. Sin embargo, inteligentemente puedes hacer de este personaje un aliado para ti.

### ¿Cómo lograr la ayuda o el favor del influenciador?

- No deseches a la persona que te está atendiendo y asume que esta persona puede ser un puente para tus objetivos
- Para lograr ese cambio y esa ayuda debes crear una conexión emotiva y empoderar a quien aparentemente no reconoció en un primer momento poseer el poder que tiene para poder ayudarte.
- Determina, tras una conversación o micro sesión exploratoria cómo tus servicios o productos le beneficiarían.
- Si los productos o servicios que ofreces no le generan beneficios directos o indirectos a la persona que te atiende, infórmale sobre los beneficios para el hogar o para la empresa en la cual está.
- Visualiza a esta persona con el uso de tus productos o servicios
- Si es una familia, infórmale sobre el impacto para su tranquilidad y economía.
- Si es una organización, hazle comprender a la persona lo beneficioso para sus clientes.
- Motiva a la persona que te atiende para que puedas lograr una cita con otro influenciador a quien pueda beneficiarle
- Habrás entrado verdaderamente a la zona de impulso hasta cuando quien esté frente a ti, y argumente no tener el poder de compra o contratarte, movilice a tu favor sus recursos para ayudarte y recomendarte alguna vía, te contacte con otro potencial influenciador más cercano a quien toma la decisión o te contacte directamente con el cliente final. En ocasiones, utilizar influenciadores hace más veloz el proceso de venta pues la carga de credibilidad se comparte con personas allegadas al cliente final.

- El siguiente gráfico te puede ayudar a visualizar cómo puedes transitar de la zona de rebote a la zona de impulso.

**Cómo superar la objeción de incapacidad**

Si alguien manifiesta
**NO**
tener el poder de decisión de comprar lo que ofreces

Por favor no te desanimes, abandones el lugar o entregues para tu tarjeta para que te llamen cuando la reciba el tomador de decisión

1. Trata de generar una conexión emotiva con esa persona

2. Genérale una Sesión Exploratoria

3. Identifica los beneficios del producto para esta persona y hazle saber de esta oportunidad

¡ Convierte a esta persona en tu aliado para que te impulse ! Y ahora sí... ¡ Ya puedes entregar tu tarjeta !

### La zona del ejecutor

La zona del ejecutor es aquella área en la cual entras en contacto directo con quien te pueda aprobar la venta. Ya estas frente a quien firma el cheque. Seguramente si tratas de llegar a él directamente entrarás en la zona de rebote. Por eso es que en muchas ocasiones es preferible buscar un buen influenciador.

Si ya estás en la zona del ejecutor has superado la objeción de incapacidad al menos de la primera persona contactada.

Ahora, ya frente a esta persona que toma las decisiones, genera todos los pasos que te indicamos en este libro. Desde el primer saludo, hasta la conexión emotiva y la generación de una sesión exploratoria para capturar argumentos que te servirán para presentar y promocionar el producto o servicio con ejemplos y argumentos a importantes para esa persona. Recuerda siempre calzar los zapatos de quien está frente a ti, en cada fase para el manejo de este tipo de objeciones. Aunque con un tiempo más reducido, cada fase frente al tomador de decisión es importante. Frente al tomador de decisión o ejecutor:

- Hazle una sesión exploratoria breve
- Permítele hablar...dale la oportunidad de que cuente su historia, visión, experiencia y alertas.
- Valida cuáles son sus necesidades
- Desarrolla una solución a su medida
- Haz que perciba que tu solución es un puente entre la situación actual del cliente y la situación ideal.

Como habrás podido observar, pudiste superar la objeción de incapacidad.

## Las objeciones de preferencia

Las objeciones de preferencias son aquellos argumentos o excusas que utiliza el potencial cliente con el objetivo de evadir una propuesta comercial donde indica que:

1. **Ya cuenta con los servicios del competidor** *–con el cual podría estar satisfecho-*
2. **Mantiene un estilo de vida alternativo** y no acostumbra usar el tipo de servicios o productos que ofreces

Vamos a explicar esto:

**1. Cuando el cliente potencial ya cuenta con los servicios o productos del competidor.** En ocasiones, al ofrecer un producto o servicio, el potencial cliente argumenta que ya tiene como proveedor a una compañía competidora. Veamos algunos ejemplos:

- «Lo siento pero ya estamos contratando a tu competidor»
- «Desde hace años que ya no uso tu producto sino los del competidor tuyo»
- «Yo prefiero trabajar con tu competidor»

**2. Mantiene un estilo de vida alternativo.** En ocasiones, el cliente, bien sea una persona natural o jurídica, mantiene un estilo de vida o de desempeño que no encaja con el tipo de oferta que ofrece el representante comercial. Bien sea a nivel de cultura, de estilo de vida o de simple preferencia. Veamos algunos ejemplos:

- «Esta compañía nunca utiliza ese tipo de productos»
- «En mi restaurante no vendemos los vinos que tu quieres colocar»
- «Sé que ofreces un buen televisor pero no me gusta ver televisión»
- «Sé que puedo cobrar a mis clientes con tarjetas o Internet pero me gusta el dinero en efectivo»

**Contra argumentación para superar la objeción de preferencia: lógica comparativa.**

Recordemos que en el segundo capítulo de este libro, hablábamos de la necesidad de reconocer las características y bondades de tu producto o servicio. Así mismo, es necesario reconocer las características y bondades de los productos y servicios de la competencia.

Para superar las objeciones de preferencia, es decir, aquellos argumentos que indican que el potencial cliente prefiere los servicios o productos de la competencia o le gusta mantener un estilo de vida alternativo al uso de tus productos o servicios, es necesario estar al tanto de lo que hace vibrar al cliente desde el otro lado de la barrera.

Para manejar esta objeción es necesario reconocer que el cliente por ahora no es tuyo, y que está acostumbrado a usar tanto tus productos viejos, como los productos o servicios del competidor.

Comprende que será de manera paulatina que lo ganarás pues se siente cómodo con el otro. De esta manera, no pretendas que después una primer manejo de objeción, por más inteligente que haya sido tu desempeño contra argumentando tu defensa, el cliente comprará el 100% de tu oferta, devele todo su potencial de compra, o abandone de una vez a quien definitivamente lo satisface de una u otra forma.

Pero ante esa objeción tan arrasadora, no te puedes quedar con las manos vacías, o despedirte amablemente. Ten presente algo, y de eso hablamos en los primeros capítulos, los grandes logros se obtienen bajo la premisa de las pequeñas victorias. Una victoria a la vez. En ventas el elefante se come por pedazos. En función de eso, tu objetivo debería ser obtener «algo» de ese cliente. Una pequeña compra. Tal vez que te ponga a prueba y le permita corroborar la calidad de tus servicios. Recuerda que lo perfecto es enemigo de lo bueno. Si no te interesa algún cliente hasta que no logres el gran contrato no vas a lograr nunca desarrollar una gran cuenta. Aunque tu comisión de ventas sea pequeña, comienza la relación.

## Argumentación en contra de tu propio interés

Cuando un cliente indica que está orientado al uso de algún producto o servicio de un competidor, no hay argumento que le vincule más al competidor tuyo, que el hecho de que comiences a hablar mal de ese competidor, o soltar algunas frases ligeras que supuestamente le haga dudar de su eficiencia. El cliente es más suspicaz de lo que piensas y está a la espera de un mínimo movimiento torpe para excluirte de su lista de proveedores. Por ello es que hablar bien la otra parte –*otra compañía, otro producto u otro competidor*- aunque a primera vista parezca contraproducente y sea algo como argumentar en contra de tu propio interés, resulta muy conveniente pues se ha comprobado en investigaciones de psicología social, que quien argumenta en contra de sí mismo o de su propio interés y reconoce que el otro es bueno, aumenta su credibilidad ante quien le escucha. Y eso es lo que quieres: aumentar la credibilidad de tu persona, marca o producto para que el cliente baje la guardia y te permita al menos ser escuchado con atención en la presentación de tus servicios.

Es por ello que debes ser muy cuidadoso al manejar y superar las objeciones de preferencia. Veamos algunos tips que te ayudarán a desarrollar este propósito:

a) Cuando un cliente plantee una objeción de preferencia, jamás hables mal del proveedor actual. En todo caso, deja que el cliente tenga su propia opinión. Debes ser muy elegante y presentarte como alguien respetuoso de su mercado y que se maneja con principios.

b) Al escuchar el nombre de la empresa o persona que sirve de proveedor actual, expresa opiniones positivas de esa empresa o persona competidora a ti. Hazle ver al cliente que ha tomado una muy buena opción. Si tu opinión o referencias de ese competidor es expresamente negativa tampoco hables mal ni les des alertas; en este caso mantén la prudencia. Solo trata de averiguar con este cliente, aspectos tales como su experiencia con su proveedor y si ha estado en contacto con otros clientes de éste.

c) Una vez que hayas expresado opiniones positivas sobre el competidor, y el cliente potencial te observe como «proveedor ecuánime y objetivo» inmediatamente procede a explicar que si bien es cierto que si el proveedor actual es al menos bueno, tu quisieras *-para efectos de información-* darle a conocer las bondades o beneficios de tu servicio o producto.

d) Entonces procede a enunciar tus cualidades y beneficios, y casos positivos de estudios en personas o clientes similares ¿Tienes referencias o experiencias positivas? Es el momento de informarlas.

e) Ve desarrollando una conexión emotiva, genera con el permiso del cliente una brevísima sesión exploratoria para analizar por dónde y cómo podrías comenzar a servirle

f) Trata de ubicar un objetivo comercial u oportunidad de servicio, aunque sea pequeño y sobre esta base, comienza a presentar promocionar las cualidades y beneficios de los productos o servicios con los cuales no cuenta o podría estar mejor servido. Recuerda que debes descubrir un vacio, una brecha una pequeñísima oportunidad contigo y por ahí tratar de ubicarte para determinar un objetivo de ventas que permita tu presencia en la vida del cliente.

g) En caso de tratarse de objeción de preferencia relativa al mantenimiento de un estilo de vida alternativo, no critiques ese estilo de vida pues estarás criticando al cliente. Solo pregunta muy respetuosamente la razón de ese estilo de vida. En la medida de lo posible, en este tipo de objeciones por estilo de vida alternativo, a través de una sesión exploratoria, se pueden reconocer mecanismos de compra conociendo mejor al cliente e indicándole cómo tu producto, bien o servicio podría beneficiarle.

Si en alguno de los dos tipos de objeciones de preferencia ya tienes un objetivo de ventas en mente o deseas mostrarte como potencial proveedor de un producto o servicio ¿Cómo puedes compararte brevemente con tu competidor o su actual estilo de vida sin que pierdas objetividad? La clave está en un mecanismo denominado Lógica Comparativa.

Para entrar a penetrar mercados en nichos donde el «otro» está establecido, he visto como excelentes asesores comerciales, que se encuentran en los mejores rankings de ventas en sus organizaciones multinacionales, después de hablar bien del competidor frente al cliente, o reconocer el mérito de mantener un estilo de vida alternativo, utilizan una técnica muy trivial y aparentemente rústica, arcaica e inofensiva denominada Lógica Comparativa, la cual tiene como objetivo, comenzar a trabajar comercialmente con ese cliente quien nos rechaza por estar relacionado con otras opciones. A continuación, sus características:

Después de reconocer de la buena o al menos razonable decisión de trabajar con el otro, inmediatamente los número 1 en ventas, incluso quienes negocian con grandes cantidades productos manufacturados, grandes bienes o proyectos, no se quedan enganchados en el halago, asumen una pose de confiable asesor y dicen algo como:

- «Excelente vuestra decisión de trabajar con esta otra compañía, por lo que sé de ellos son una buena marca y son buenos sus productos o servicios, **sin embargo** quiero que me concedas unos breves segundos para conozcas algo de nosotros...» –*muy sutil y elegantemente tratan de introducirse-*

Inmediatamente colocan una sencilla hoja blanca bajo el radio de lectura del cliente, frente al cliente, donde éste pueda observarla bien y allí escriben una lista de las características del servicio o producto del competidor comparándolas con las características del servicio o producto que ellos ofrecen.

Para establecer claros y bien diferenciados los campos de espacio entre su competidor y su compañía, en la hoja blanca -*y en la mente del cliente*- trazan con un bolígrafo una línea divisoria de forma vertical, a lo largo de la hoja desde arriba hasta debajo de la misma.

A un lado izquierdo superior de la hoja colocan el nombre de su competidor y en el lado derecho colocan el nombre de su compañía o la compañía que representan. Esta técnica de colocación del nombre es importante pues en la mente del colectivo está latente que lo derecho es bueno y lo siniestro es misterioso.

¿Qué hacen luego? Categorizan o tipifican las características del servicio. A saber, características como el servicio de preventa, venta o postventa, garantías, precios, repuestos, orígenes, respaldo de marca, experiencias, profesionales, facilidades de pago, sistema de cobro, beneficios para el cliente, etc.

Las características deben estar colocadas ordenadamente por alguna de las categorías anteriormente nombradas y seguidamente generan la descripción frente al cliente de forma escrita y verbal. Cualidad Vs. Cualidad.

Primero describen una e inmediatamente su contraparte. Pero nunca mienten -*Nunca mientas al cliente o aumentes los beneficios reales del producto o desestimes el producto del otro*- Evidentemente, para aplicar esta técnica, tu organización debe estar, por lo menos, a la par de tu competidor en cuanto al producto que desees colocar. Si consideras que a nivel de manufactura o cualidades de tu producto o servicios básicos o a nivel de servicios de postventa, tu compañía tiene elementos o ventajas competitivas superiores, no dudes en hacerlo ver ante el cliente.

La idea es que el cliente reconozca, por si mismo, que no te rebote pues tu eres igual o superior al proveedor actual en más de un aspecto, y que tomar un servicio contigo es una opción razonable. Si tus productos no son tan buenos argumenta los precios, si éstos son más altos, argumenta la calidad. El veredicto final sobre esta superioridad lo debe dar el cliente mismo, no tu persona.

Plantéate finalmente, bajo el principio de las pequeñas victorias, el lograr, al menos, una pequeña compra o un pequeño pedido o adquisición de otro producto o línea de servicios para que el cliente comience a probar contigo. Preséntate y promociónate como una opción viable, con iguales cartas y referencias de éxito y ofrece si así lo has determinado otros productos o servicios que le pueden beneficiar.

El resto, para efectos de próximas compras en escala, es tu responsabilidad o tu organización en su conjunto la satisfacción del cliente con ese primer pedido. Por lo pronto, superaste esta primera objeción de preferencia, no caíste en la zona de rebote y ya depende de la calidad de tus productos, ofertas de servicios y valores agregados competitivos el hecho entrar en la zona del impulso o del ejecutor.

# Las objeciones de pre abordaje propio

Aquí vamos a tratar una objeción que es prima-hermana de las objeciones de preferencia y fácilmente se podría confundir con ellas, pero la diferencia es sutil y su tratamiento es diferente. Se reconoce una objeción de pre abordaje propio cuando el cliente o potencial cliente indica que ya la situación indeseable que se resuelve o se resolvería con la adquisición de tu producto o servicio está en proceso de enfoque y mejora con mecanismos propios del cliente. Este tipo de objeciones se presenta en su mayoría cuando tratas de vender servicios profesionales como asesorías, consultorías gerenciales, servicios legales, sistemas, auditoría y contabilidad, entrenamientos, o respaldo en plataformas de atención al cliente.

Es cuando el cliente trata de decir algo como «llegaste tarde y no te metas, pues aquí los meritos son míos». Ciertamente esa frase desacelera y desmotiva al potencial oferente del servicio pues a veces esta objeción se emite con una actitud difícil para trabajar. Bien sea que el potencial cliente es amable y tajante, o es extremadamente orgulloso, solo está tratando de cuidar su territorio de méritos o considera innecesario adquirir tus productos o servicios. Actitud muy válida por lo demás pues todos queremos brillar de una u otra forma. En estos casos, el potencial cliente emite una frase muy parecida a alguna de las siguientes:

- «Ya me ocupé de eso y está en proceso de resolución»
- «Ya nuestro departamento encargado está desarrollando una solución en ese sentido y vamos bien adelantados»
- «Ya hago eso mismo en casa»
- «Desde hace tiempo hacemos eso mismo que me ofreces»

**Contra argumentaciones para superar objeciones de pre abordaje propio: argumentos de experiencias de apoyo**

Cuando el potencial cliente indica que ya ha iniciado la mejora de las situaciones críticas a través de iniciativas propias, con o sin actitudes desagradables de su parte, el asesor reconoce que tiene dos opciones:

- Dar a conocer el beneficio de trabajar con un ente externo
- Establecer un acuerdo de apoyo en la mejora de la iniciativa ya prevista por ellos

Recordemos que la diferencia fundamental entre las objeciones de preferencia y las objeciones de pre abordaje propio radican en que mientras en la primera el cliente indica que ya ha establecido la ruta de la solución con otro proveedor, en la segunda ya ha emprendido la ruta de la solución con esfuerzos propios.

### ¿Qué debes esperar en este caso?

Puedes desarrollar una lógica comparativa para dar a entender los beneficios de trabajar contigo, Vs el trabajo que implica trabajar por cuenta propia, donde al final vas a presentarte como una opción de servicio más rentable y con menores pérdidas o retrabajos para todos los involucrados. Este tipo de casos se presenta, por ejemplo, cuando se observa que el cliente o potencial cliente puede ser más exitoso si se enfoca en su *core business -actividad principal del negocio-* y puede contratar servicios de outsourcing, o contratar tus productos o servicios que ya mantienen una calidad comprobada.

Recuerda el principio de las pequeñas victorias y que de paso a paso se logra una fortalecida cartera de clientes. De ahí que tu meta en este caso también puede ser servir de «caja de resonancia» para que él no se equivoque en su intención de trabajar alguna actividad o proyecto de cambio empresarial por su cuenta. Al menos estarás con él y no te irás con las manos vacías sin ningún tipo de contrato. Una guía o supervisión es muy requerida cuando alguien está emprendiendo una solución por cuenta propia. Por ello, la ruta a seguir es ofrecer tu apoyo de calidad comprobada para que su experiencia sea exitosa y más rentable.

### ¿Cómo trabajar en este objetivo?

a) De la lógica comparativa tomarás la primera fase. Alabarás su esfuerzo, e indicarás casos de éxito en este sentido a nivel de personas u organizaciones en calidad de soporte o asegurador de la calidad.

b) Expresarás que muchas de estas personas lograron establecer éxito estableciendo iniciativas propias. Si puedes dar casos de éxito, ofrécelos.

c) Si el clima de la reunión es prudente y tu instinto indica que es buen momento, trata de indagar las características de ese esfuerzo propio -*Determinación de situaciones críticas, esfuerzos, protagonistas, modelos o indicadores del éxito*-

d) Trata de reconocer el grado de profundidad o avance en ese sentido. Así sabrás si lo acompañarías en el diseño de la solución, en la implantación o uso, o finalmente en la potencial mejora.

e) Compara detalladamente las situaciones de beneficio de trabajar por su cuenta Vs. las de trabajar contigo a nivel de tiempo, horas, esfuerzos y garantía de resultados.

f) Si podrías beneficiarle con tus servicios de supervisión compara frente a él cliente los beneficios de trabajar con algún ente externo que le guíe en su esfuerzo Vs. la posibilidad de trabajar con linterna propia. Indica que siempre es bueno tener una guía en estos casos y que tú estás dispuesto a servir de apoyo de forma tal que no haya dispersión de tiempo, esfuerzos, recursos, ánimos, dinero, resultados.

Lo interesante de este manejo es que su resultado puede generar tal credibilidad en ti como especialista, cualidad que te puede abrir las puertas para próximos contratos, a corto, mediano o a largo plazo.

## Las objeciones de tiempo

Las objeciones de tiempo son aquellas negativas que ofrece el cliente argumentando que no tiene tiempo para atenderte en ese momento, está muy ocupado, o considera que no es tiempo para atender a vendedores. La naturaleza de las frases que dan a entender que el potencial cliente ofrece objeciones de tiempo, son fáciles de comprenderlas, pero lo delicado del asunto está en que no debes lucir como un obstáculo o un muro ante las intenciones de huida del cliente. Debes lucir como una estación muy tentadora, que se le ofrece a sus ojos y a sus intereses.

Veamos algunos ejemplos de expresiones provenientes de este tipo de objeciones:

- «Voy saliendo en este momento»
- «Estoy entrando»
- «Déjame tu tarjeta y nos contactaremos en otra oportunidad»
- «Ahora no tengo tiempo de atenderte»
- «Estoy muy ocupado en este momento»
- «Estamos muy ocupados en estos días»
- «No considero que desarrollar este servicio ahora sea el mejor momento»
- «Te tengo presente para una próxima oportunidad»
- «Llámame en un par de meses»
- «Yo te llamaré»
- «Esta es época de desarrollo de presupuestos y nos será imposible atenderte»
- «Déjame pensarlo»

**Contra argumentaciones para superar objeciones de tiempo: argumentos de inversión.**

Al igual que las otras objeciones, las de tiempo son muy complejas para tratarlas, manejarlas y superarlas si no se hace cautelosamente. De allí que hay que comportarse con mucho tacto y prudencia para no perder al cliente al aparecer como «inoportunos» o consumidores de tiempo ante sus ojos.

Las objeciones de tiempo se superan con contraargumentos de inversión. Es decir, argumentos que para el cliente signifiquen que el tiempo que nos dedicaría a pesar de su espacio limitado de tiempo, es una inversión para él o su empresa, que le ahorrará entre otros elementos tiempo, costo, beneficios, mejora en sus sistemas, lo innovará en el mercado, o finalmente, y no menos valioso, al menos ganará información que le actualizará.

Recordemos que cuando un cliente argumenta no tener tiempo para atendernos de una u otra forma, tenemos que manejar la siguiente visión de argumentación:

> «Sr. cliente reconozco que no tiene tiempo para atenderme en este momento, pero si me dedica un corto tiempo ahora, o me da una cita, ese tiempo significará una inversión oportuna para usted, su familia o su organización, y prometo que al final agradecerá este mínimo tiempo conmigo»

**Desecha la oferta «Hasta hoy»**

Debes ser muy cauteloso y nunca debes ser como los vendedores oportunistas que indican que la oferta es hasta hoy. Ahí entrarás en la zona de rebote mucho más rápido de lo que piensas así que no trates de poner en «Jaque» al cliente cuando indica que no tiene tiempo para atenderte. Recuerda que eres asesor, no vendedor oportunista. Y recuerda que cuando se te presenta una objeción de tiempo puede o no ser verdadera. Tú no estás para ser juez y determinar la veracidad del argumento.

De insistir en la prontitud, en el ahora, como se indicó entrarás en la zona del rebote y obtendrás dos salidas potenciales:

- Te rebotaría hasta más nunca pues no le resultas honrado u oportuno
- Por educación, o por salir del paso, te colocaría en contacto con quien no tienen el poder de tomar una decisión tales como familiares, subalternos, secretarias o terceros no influyentes.

## La importancia de representar una inversión y ser una oportunidad ante los ojos del cliente

Para el cliente siempre es importante conocer cifras, datos, información que posees sobre cómo puede ser más rentable, cómo otros lo han logrado, cómo puede ser más eficiente o cómo puede alcanzar sus objetivos, bien sean éstos, objetivos personales, familiares o empresariales con el menor esfuerzo o costo.

Información es poder y en la actualidad se reconoce que la información también es oportunidad. Oportunidad de crecer, mejorar, abarcar nuevos mercados, ahorrar, ser más eficiente, más rentable o al menos más exitoso. Quien tiene acceso a información posee el mundo. Y ¿sabes? afortunadamente tu eres para el cliente esa oportunidad de crecimiento, tranquilidad o logro de sus metas pues posees la información que siempre ha querido tener. Posees datos y mecanismos de ver con otras perspectivas su vida, su satisfacción familiar o su expansión comercial. Por lo tanto, cuando el cliente te patea para un próximo momento, en realidad rechaza la oportunidad de obtener ahora información para su beneficio. Información que en efecto, si requiere ya.

¿El cliente va a patear a un vendedor? Posiblemente si y esa visión tiene justificación pues te observa como una pérdida de tiempo. Según él, ya tiene tus datos y sabría como contactarte cuando te necesite. Por lo tanto te trasladará para más tarde; quizá para más nunca. Pero ¿El cliente va a patear y postergar la obtención de información –*cifras, cálculos, datos*- que él necesita en este momento para ser más exitoso? ¡Jamás! ¡Eso es oro en polvo para él!.. Tu eres entonces oro en polvo…aunque aún no te perciba así. Aunque tú aun no te percibas así.

### ¿Qué tipo de información el cliente valorará más?

Tan solo considera que le interesaría saber al cliente de ti…

- ¿Cuánto dinero podría ahorrar en un mes, año o ejercicio fiscal?
- ¿Cuánto dinero aproximadamente le quedaría disponible para invertir?

"Las cifras hablan. Son herramientas poderosas y definitivamente son una imagen fotográfica que llama la atención cuando son presentadas de improvisto si quieres atrapar a una mente dispersa. Una de mis técnicas de narración favoritas es hacer que las estadísticas salten a la vista y sean recordadas".

**Boo-Keun Yoon,
CEO de Samsung Electronics**

- ¿Cuánto está perdiendo? ¿Cuántas oportunidades no aprovecha?
- ¿Cuál es la tendencia de trabajo en el sector en el cual te desenvuelves?
- ¿Cuánto dinero podría perder?
- ¿Cuántas empresas están entrando al mercado?

Si conoces tu producto, conoces al cliente o tienes idea de cómo se está desenvolviendo el segmento de clientes objetivo de tus productos o servicios, ya tienes cifras disponibles, porcentajes aproximados o gruesos de ganancias en otros clientes, cifras de recuperación de la inversión en menor tiempo y datos cuantitativos de interés proveniente de tu experiencia en el mercado.

Sin embargo, puedes ir más allá y adentrarte un poco más en los zapatos del cliente al aproximarte a su realidad, por ejemplo: analizando, en base a la realidad de ese cliente que deseas conquistar, cuánto dinero podría obtener o ahorrar si proyectas previamente un ejercicio de potencial compra de tus productos y tal vez, si posees, con tus ofertas, valores agregados, sistemas de pronto pago, entre otros beneficios como compras por volumen, etc.

Bien sea en general o a la medida, las cifras son importantes para tu cliente. Todo tipo de cifras como las anteriormente expuestas, especialmente las relacionadas a dinero, tiempo, cantidad de nuevos clientes o recuperación de los clientes perdidos.

¿Tienes idea de cuales cifras valorará más tu potencial cliente o tu tipo de clientes? Piensa en eso. ¿Qué cifras le interesan a tu cliente? ¿Cuáles datos cuantitativos? Ahora es el momento de comenzar a calcular y obtener información cuantitativa de interés relacionadas al objetivo de tu cliente o su actividad. Quiero que calcules y obtengas números.

Una vez que hagas cálculos obtenidos del mercado o generados sobre la realidad específica de algún cliente que quieras conquistar, toma un poco de tiempo para determinar cuantitativamente antes de la visita:

- Ahorros que podría obtener *–en tiempo, dinero, esfuerzos-*
- Ahorros que están teniendo otras personas, familias o empresas *-en tiempo, dinero, esfuerzos-*
- Pérdidas que está generando o podría generar *–en tiempo, dinero, esfuerzos-*
- Ganancias mínimas y máximas a obtener
- Tiempo invertido y tiempo que podría ahorrar
- Ahorros y ganancias en cifras relacionadas a la compra de tu producto o servicio
- Tendencias en la operación que no aplica el cliente

Seguramente vas a obtener cifras, porcentajes, aumentos mensuales, disminuciones y datos. Estos datos y cifras serán la base para que cuando el cliente o su representante traten de patearte con objeciones de tiempo, tú anules dichas objeciones con respuestas rápidas pero contundentes que tienen como objetivo que al menos te presten atención y te den una cita:

- «Perfecto, comprendo que no tiene tiempo para atenderme pero quiero que sepa que un minuto conmigo, representa, además del café que me va a obsequiar, la oportunidad de conocer cómo, dentro del tipo de negocio como el que usted tiene, sus competidores están ahorrando al menos UDS 5.000,00 por mes, y aproximadamente USD 55.000,00 al año».

- «5,21% de pérdidas anuales en costos son sus cifras actuales. Quiero decirle cómo va a llegar a solo 2,33% de pérdidas en tan solo tres meses, con lo cual usted y su empresa estaría obteniendo en ganancias brutas USD 7.893.980,00 este año, al menos antes de impuestos. Cada día que pasa usted está perdiendo 0,014% de su capital. ¿Cuántas perdidas quiere seguir generando antes de darme una cita?»

- «USD 34.000,00 es el costo promedio de una emergencia clínica por persona en la actualidad y tenemos en el país una creciente tasa de ocurrencia de entradas a emergencia por el orden de 12.000 personas por mes; el año pasado fueron 9.000 personas por mes. Se proyecta que para este año terminen en 13.500 de acuerdo a cifras de la asociación de clínicas privadas. Personas que jamás pensaron entrar a una emergencia tuvieron que endeudarse. Afortunadamente el 56% estaba asegurado. Quiero, en tan solo un minuto de su tiempo, sacarlo del 46% de personas que no tenían suficiente cobertura o no tenían cobertura alguna. En un minuto usted tendrá la data; solo un minuto para conocer cómo podemos ayudarle a tener su familia asegurada con un plan a su medida».

**La filosofía del manejo de esta contra argumentación basada en la inversión puede ser manejada de la siguiente manera:**

1. Acepta el hecho que -*sea cierto o no*- el potencial cliente no quiere o no puede atenderte en este momento
2. Hazle saber que reconoces la situación y demuéstrale brevemente que manejas datos de su problemática actual
3. Indica nombres y/o cifras de beneficios porcentuales o monetarios
4. Si es posible dale ejemplos concretos de soluciones con terceros
5. Concreta finalmente una cita en frases simples que le hagan bajar la guardia y le aseguran un uso estricto del tiempo como:
   - «Recuerde que si tiene esa responsabilidad en sus manos, seguramente le gustaría obtener información que puedo suministrarte»

- «Tranquilo. En nuestro negocio sabemos ser concisos cuando estamos frente a clientes como usted»
- «Yo tampoco tengo mucho tiempo pero no quiero que quede con la duda de su potencialidad de beneficio».
6. Recuerda: Nunca salgas de una cita sin una fecha, un convenio, un límite, o una venta.

Si eres parte de una fuerza de ventas, prepara junto a tus compañeros un KIT de cifras y respuestas para manejar este tipo de objeciones. Nunca sabes cuándo se presentarán. La suerte solo favorece a quienes están preparados y prevenidos. Se ha demostrado que con información sobre ganancias y beneficios, sobre todo la información llevada a cifras, el cliente detiene la objeción de tiempo. Al menos tendrás la oportunidad de ser recibido. Y dado que con tu experiencia, con lo que aprendiste o reforzaste en este libro, ya sabes cómo lograr el cierre la venta con soluciones a su medida, siempre desarrolladas desde los zapatos del cliente. Al menos superaste la objeción de tiempo y saliste de la zona de rebote.

## Objeciones de desconocimiento

Las objeciones de desconocimiento son aquellos muros que el cliente construye para evitar el avance de un vendedor; muro construido en base a ladrillos falsos. En efecto, en ocasiones las personas estamos mal informadas de las propiedades y circunstancias de aplicación de un producto, bien o servicio determinado. Cuando algún representante de ventas nos ofrece un determinado producto, es nuestra ignorancia la que habla y las objeciones que utilizamos son creencias erróneas.

Estas objeciones son resultado de las falsas creencias de los potenciales clientes con respecto a algún elemento que está en venta. Desconocimientos del mercado, de los competidores y sobre todo de los productos que ofrece la organización. No solo nominalmente, sino acerca de los elementos que forman parte del producto, sus características y beneficios.

En nuestra experiencia diaria como consultores organizacionales, nos hemos dado cuenta que las empresas solo educan muy vagamente a los representantes comerciales sobre sus productos. En ocasiones le hacen llegar una información escrita que va desde una misiva en internet, una charla breve que dura media hora ofrecida por el gerente de ventas o el gerente del producto dentro de la organización, *-esto sin ningún tipo de seguimiento o consecuentes encuentros-*, o en el mejor de los casos, un muy bien elaborado panfleto informativo.

Ejemplos de objeciones de desconocimiento

- «No quiero tu producto pues no tiene garantía» *-cuando en realidad si tiene garantía-*
- «Tu producto no tiene conexión a internet» *-cuando en realidad si la tiene-*
- «Este producto está hecho con un material altamente tóxico» *-cuando en realidad no lo es-*
- «Los precios de tu servicio son costosos» *–cuando en realidad está a la par del mercado-*

## Contra argumentaciones para superar objeciones de desconocimiento: argumentos de información.

Recordemos que las objeciones de desconocimiento son los argumentos que ofrece el potencial cliente, con el objetivo de no tomar una decisión de compra favorable al potencial proveedor u oferente. Sin embargo, las objeciones de desconocimiento se distinguen del conjunto de otras objeciones pues están basadas en informaciones erradas, mitos o conocimientos poco actualizados por parte del potencial cliente. Es decir que el cliente consideraría que la adquisición del producto o servicio le será contraproducente o inocua. Esto, sin saber que sus creencias o lo que argumenta son conceptos desfasados.

En un primer contacto la contra argumentación de esta objeción parecería fácil pues solo hay que desmentir. Pero el asesor no debe olvidar que el tacto y la sensación de éxito deben estar siempre en la cancha del cliente. Recordemos que el acto de consumo es emotivo, no racional y las personas adquieren un bien o servicio en la mayoría de los casos por lo que significa, no por su bien utilitario.

Ante tal objeción, el asesor debe reconocer que la intención de rebote o no, la adquisición del producto o servicio está latente en el potencial cliente y debe actuar muy sutilmente sin hacer sentir desinformado al cliente, o hacerlo quedar en ridículo ante otros por no estar actualizado. Por ello, la clave del manejo de la información como contraargumento de venta es gentileza y humildad.

El asesor debe tener muy en cuenta que quien está frente a él conoce de la industria y el asesor puede estar en una de dos situaciones:

- El potencial cliente no está actualizado y emite objeciones claramente desatinadas
- El potencial cliente efectivamente está en lo cierto y quien esta desactualizado es el asesor.

**¿Cómo superar entonces las objeciones
de desconocimiento?**

a) Mantente actualizado de todo cuanto acontece en la industria en la cual te desempeñas como asesor. Infórmate sobre casos de estudio y novedades.

b) No desmientas enérgicamente al potencial cliente. Emite tu posición con respeto y asertividad

c) Recuerda que quien está frente a ti como potencial cliente tiene un potencial de éxito con o sin historial y su opinión es tan válida como la tuya.

d) Dado que posiblemente tú seas el desactualizado, cuando no estés seguro de tu posición, emite frases como:

- «Que interesante su visión pero tengo entendido que…»
- «Hasta hace muy poco…»
- «Al llegar a la oficina reviso ese caso pero mi información hasta hoy es…»
- Puedes hacer una pregunta a tu interlocutor « ¿Estás muy seguro de esa información? No es la información que yo poseo»

e) No trates de aniquilar a tu interlocutor con una respuesta o argumentos desagradables. Trata de dejar al potencial cliente una salida honrosa a su situación desagradable como desconocedor de novedades. Él lo agradecerá y podrás continuar con tu visita o contacto con el cliente.

# Objeciones de Referencia

Las objeciones de referencia son aquellas argumentaciones que tienen como objetivo impedir o retardar la compra o adquisición del servicio *-dada una mala experiencia verídica que se ha vivido con un producto o servicio similar al que se ofrece-*.

En este caso el potencial cliente puede basarse en la mala experiencia que ha vivido con el tipo de productos o servicios que ofreces *-referencias propias-* , o también puede referirse a malas experiencias que han vivido otras personas con tu misma línea de productos o servicios u otras organizaciones similares a la tuya *-referencias de terceros-*. El asunto es que tratará de paralizarte por malas experiencias o referencias. Para no paralizarte ante todo debes reconocer los tipos y sub-tipos de objeciones de referencias:

## 1- Referencias propias

   a) De malas experiencias propias del potencial cliente con tu producto o servicio
   b) De malas experiencias propias del potencial cliente con los productos o servicios de tu competidor

## 2- Referencias de terceros

   a) De referencias sobre malas experiencias que han vivido otras personas con tu producto o servicio
   b) De referencias sobre malas experiencias que han vivido otras personas con los productos o servicios de tu competidor

Veamos algunos ejemplos:

   a) De malas referencias propias del potencial cliente con tu producto o servicio
   - «Yo hace años opté por los servicios de ustedes y me fue muy mal»
   - «Decidí no trabajar más con ustedes pues el último trabajo fue desastroso»

- «Cuando quiera un producto o servicio de esta naturaleza ten la seguridad que con ustedes no voy puesto que la experiencia ha sido pésima»
b) De malas referencias propias del potencial cliente con los productos o servicios de tu competidor
  - «Yo hace años opté por ese tipo de productos y me fue muy mal»
  - «Decidí no trabajar más con esa línea de servicios o productos pues el último trabajo fue desastroso»
  - «Cuando quiera un producto o servicio de esta naturaleza ten la seguridad de que con empresas como las de ustedes no voy, puesto que la experiencia en ese sentido ha sido pésima»
c) De malas experiencias que han vivido otras personas con tu producto o servicio
  - «Mi socio hace años optó por los servicios de ustedes y le fue muy mal»
  - «Decidí no trabajar con ustedes pues sus referencias son pésimas y su trabajo es desastroso»
  - «Cuando quiera un producto o servicio de esta naturaleza ten la seguridad de que con ustedes no voy puesto que la experiencia de gente muy allegada a mí ha sido pésima»
d) De malas experiencias que han vivido otras personas con los productos o servicios de tu competidor
  - «Mi socio hace años optó por los servicios como los que me estas ofreciendo y le fue muy mal»
  - «Decidí no trabajar con ustedes pues sus trabajar con empresas como las de ustedes son pésimas y su trabajo es desastroso»
  - «Cuando quiera un producto o servicio de esta naturaleza ten la seguridad de que con ustedes no voy puesto que la experiencia de gente muy allegada a mí con empresas como las de ustedes ha sido pésima»

**Contra argumentaciones para manejar objeciones de referencia: Contra argumentos de invitación**

Cuando el potencial cliente argumenta sus objeciones de referencia con experiencias propias o de terceros no muy positivas, o realmente desagradables, lo primero que debes hacer es determinar las características de esa experiencia. Jamás debes rechazar de plano, o desmentir al cliente. El potencial asesor debe resultar empático con el potencial cliente al escucharle. Así que el respeto y la consideración deben ser básicos. Desarrolla la siguiente secuencia de acciones:

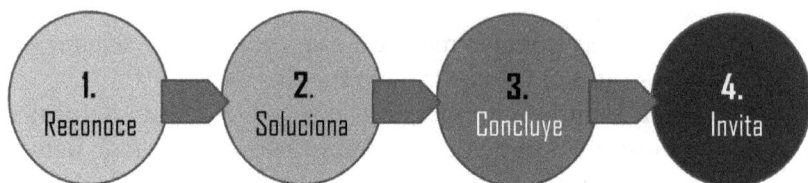

Fases para analizar y superar las objeciones de referencia

**Reconoce:**

a) Reconoce/Investiga que sucedió
b) Reconoce/Investiga las consecuencias de lo sucedido
c) Expresa sentimientos de solidaridad con el potencial cliente sobre la base de las consecuencias y la pésima experiencia. No olvidemos de ser cierto su argumento, con o sin responsabilidad, el cliente ha sido víctima de una acción poco acertada de alguien. En ocasiones solo escuchar al cliente con atención ayuda a superar esa incomodidad.
d) Determina si la experiencia vivida fue con un producto o servicio propio o de otra organización competidora.
e) Si la experiencia vivida fue con un producto o servicio de la organización que representas, plantea argumentos de crédito en el cliente -*es decir que vas a expresar frases que indica que crees lo que el cliente está diciendo*-. Si es cierto o no, si sabes que es cierto o incierto, será transparente para ti en ese momento pues rechazar los argumentos del cliente te pondría en una situación de conflicto y posiciones encontradas que en este momento definitivamente no te convienen.
f) Indica que en la industria en la cual tú te desempeñas los procesos de mejoras son muy rápidos y que experiencias como las que relató el cliente, han sido objeto de estudios constantes. No ahondes más. No hables mal de tu organización ni de compañeros.

**Soluciona:**

g) Si la experiencia fue reciente puedes apoderarte de la confianza del cliente haciendo un seguimiento a algún tipo de solución concreta investigando qué sucedió. Si la experiencia fue de larga data, ofrece el seguimiento al desarrollo de las soluciones. Si el cliente acepta, debes cumplir tu promesa. En ambos casos te ganarás la confianza del cliente si le informas sobre arreglos y las soluciones sobre su caso en específico.

h) En caso de que la mala experiencia sea del mismo cliente pero con tu competidor, no hables mal del competidor pues tal vez el cliente, muy seguramente, te está probando o ha escuchado malas experiencias de terceros con tu organización. Lo importante es que el cliente argumenta que la pasó mal. Indica igualmente que en la empresa en la cual tú te desempeñas los procesos de mejoras son muy rápidos y que experiencias como las que relató el cliente, han sido objeto de estudios constantes y que si bien es cierto ocurren, la incidencia ha disminuido.

i) Aplica el principio de la casa transparente. Reconoce que existen ese tipo de situaciones, y describe el proceso interno y el desarrollo de las mejoras desarrolladas hasta el momento. Pero indica que de querer hacer negocio contigo, hay que estar alertas y muy cuidadosos de no caer en la misma situación.

j) Jamás indiques que desconoces de ese tipo de situaciones o que no sabes que ocurre adentro. Ese rebote de responsabilidad molesta al cliente.

**Concluye:**

k) Si bien la experiencia desagradable fue con tu organización o no, se le hizo seguimiento al caso o no, el asesor debe arribar a una conclusión con el cliente antes de emprender el desarrollo de una potencial nueva venta, pues si no se cerró la página con argumentos a favor del cliente, la venta no se desarrollará.

l) La conclusión puede ser desde el reconocimiento de la responsabilidad y desarrollo de seguimiento, hasta la información al cliente de lo sucedido.

**Invita:**

m) Superar esta objeción no es sencillo pues la relación comercial al igual que en la confianza, la amistad o el amor, al romperse la franja de la confianza, nunca se recobra su estado inicial. Solo hay que renegociar a través de la invitación honesta y reflexiva. Aquí es fundamental que el cliente vea en ti un soporte integral, confiable y experto a la mano. Si el cliente capta tu actitud de empatía y comprensión de lo sucedido y explicas como estarás alerta para que no vuelva a suceder el suceso, se habrá superado la objeción y el cliente aceptará escuchar tu oferta. Si te defiendes, comienzas a hablar mal de otros, o mantienes una posición poco solidaria, no te preocupes...ese cliente jamás será tuyo.

n) Una vez hecho un trabajo de reflexión y conclusión, pregúntale al cliente si te da un voto de confianza al permitir que le hables sobre tu oferta de servicio y tu visión de acción preventiva -*más que correctiva*- de cómo no se caerá de nuevo en el error anterior.

Seguramente, tras el trabajo de reflexión, conclusión y solución, la invitación para la escucha de tus nuevos servicios por parte del cliente será aceptada. Muy poca gente niega una segunda oportunidad. Pero no puedes pedir una segunda oportunidad sin un trabajo de reflexión y compresión previo como el que se te propone en este libro. Para efectos de la postventa no debes caer en nuevos errores.

## Objeciones de desinterés

Bueno, ya entramos al campo de la caja negra. Es el área de las objeciones de las razones desconocidas. En algunos momentos, el cliente comienza a generar diversas posturas o a emitir argumentos realmente difíciles de descifrar y definitivamente la razón de su negativa no puede ser captada fácilmente.

Frente a esta objeción, después de hacer sido emitida por el cliente aunque el asesor desarrolle un paneo y recordatorio de las clasificaciones anteriores, no logra identificar su naturaleza y dar en el blanco en cuanto a su reconocimiento. Esta objeción se caracteriza por ofrecer argumentos confusos en breves palabras tales como:

- «No»
- «No me interesa»
- «Agradezco que no insistas»
- «No vale la pena que me lo muestres»
- «No me interesa tu visita»
- «Sé que no llegaremos a ningún trato»
- «Aquí no te van a aceptar»

**Contra argumentaciones para superar objeciones de desinterés: argumentos de motivación.**

Aquí la clave es simple y en ese caso el asesor solo debe tratar de buscar el por qué de la posición.

**Solo averigua la razón de su posición**

Preguntar «Por qué»…esa es la clave de la superación de esta objeción tan difícil de determinar y tan fácil de trabajar. Debes hacerlo con humildad y ganas evidentes de ayudar. Cuando obtengas el motivo de su posición, podrás abrir esa caja negra y determinar si la base de esa negativa tan escueta está relacionada con alguna de las objeciones que manejamos en este capítulo. Entonces deberás redireccionar tu estrategia de contra argumentación, hacia el tipo de objeciones y sus respectivas líneas de acción que ya conoces.

La respuesta del cliente aclarará el motivo o base de su negativa confusa de las objeciones anteriormente descritas. Pero felicitaciones...ya sabes cómo manejar esta objeción y cada una de las anteriores para lograr continuar con la entrevista o presentación.

# Principio clave para tu éxito: La postventa

## Pasó 10: Postventa: Sal de la zona de confort y visita al cliente

> "Valor es lo que se necesita para levantarse y hablar, pero también es lo que se necesita para sentarse y escuchar".
>
> **Winston Churchill**

E ste paso es simple:

¡Llama a tus clientes, visítalos, salúdalos, háblales y pregúntale cómo les va con tus productos o servicios! Si no usan tus productos o servicios pregúntales por qué. Sin miedos, sin depredadores psíquicos, contáctalos siempre con la idea de felicitarle o ayudarle y haz de cada contacto, un paso para que la interrelación sinérgica sea cada vez más sólida entre ustedes, creando un lazo de cariño y respeto mutuo. Al final todos van a resultar beneficiados. Ellos te lo van a agradecer.

¿Cuándo fue la última vez que tomaste un café con tu primer cliente? Con ese primer cliente que representó una facturación importante en tu desarrollo comercial. ¿Cómo le puedes agregar valor? ¿Necesita nuevos servicios, productos, asesorías, crédito, soporte, novedades?

Siempre recuerda y contacta al cliente. Haz de ello un hábito. ¿Eres asesor independiente? Llama a tus clientes. Visítalos si puedes. ¿Eres parte de una fuerza de ventas con rutas comerciales fijas? Escucha al cliente sobre la distribución, el despacho y los tiempos de entrega. Tómate un tiempo para conocer sobre los proyectos del cliente.

Si tienes una pequeña tienda pregúntales a tus clientes cómo puedes convertirte en la mejor opción. Cómo puedes mejorar. Qué haces mal o no tan bien. Y por supuesto, qué haces bien para repetirlo.

Si eres director de una Fuerza de Ventas o eres un empresario, visita a los clientes junto a tus asesores o representantes de ventas...patea la calle una y otra vez...sal del escritorio y de la computadora. ¿Qué haces detrás de tu escritorio? ¿Eres ahora muy importante para contactar a tus clientes? ¿Hace cuanto tiempo no te tomaste un café con un cliente y lo escuchaste?

Acompañando a fuerzas de ventas de muchas empresas a lo largo de estos veinte años de trabajo, he visto que la línea más delicada de la relación comercial, la que representa el contacto con el cliente, se olvida. Se olvida y se deja en manos de despachadores y tomapedidos, o peor aún, se coloca un 0-800 para recibir llamadas.

Los asesores comerciales más exitosos, los facturadores duros de las multinacionales tienen muy claro que es necesario sorprender a tus clientes de siempre, tanto a aquellos que generan una facturación segura como a los clientes nuevos; los sorprenden con visitas, con llamadas e invitaciones a escucharlos. Ellos se convierten en amigos de los clientes, y más que eso, en socios para la mejora. Tal vez el título del libro que lees ha podido llamarse «De vendedor a aliado del cliente».

### ¿Por qué es tan importante los contactos posteriores más allá de una visita para tomar pedidos nuevamente?

Porque lo importante no es que tú te acuerdes de tu cliente...sino que tu cliente se acuerde de ti cada vez que tenga una necesidad de servicios o productos como el que tú ofreces. Te consulte, te llame, te tenga como referencia de éxito. Y si no le llamas, difícilmente te van a recordar.

De esta manera, tu cliente sabrá que en ti tiene siempre a un aliado o un asesor dispuesto a elevarlo contantemente a un próximo nivel de desempeño.

Recuerda que el acto de consumo es un acto totalmente emotivo; no es racional. Por ello, el cliente seleccionará al asesor que demuestra constantemente interés en su crecimiento o mejora. Si tú no lo haces otro lo hará por ti.

El asesor que se queda con la relación reactiva pierde oportunidad de mercado frente a quien visita constantemente y se adecúa. Recuerda que no solo debes estar en contacto con la actual generación de tomadores de decisiones actuales, sino de las generaciones en desarrollo para que tengas trabajo hoy y mañana. Es decir, los hijos de tus clientes, los supervisores, los gerentes.

Ya sabes cómo vender en los zapatos del cliente y ser su aliado para siempre. Ahora empieza a practicar estas mejores prácticas en asesoría comercial que leíste, actúa, analiza los errores que has cometido y mejora constantemente. Es un proceso continuo de planificación, preparación, actuación, reflexión y mejora.

Cómo dijo Wiston Churchill, el famoso primer ministro británico "Hace falta mucha valentía para levantarse y hablar…pero también hace falta para sentarse y escuchar". En estos contactos posteriores a la venta, no siempre escucharemos cosas bonitas o agradables de nosotros y en muchas oportunidades serán dichas de forma no muy agradables. No ataques al mensajero ni te excuses. Seguramente, en nuestro proceso de servicio y ventas hemos decepcionado a más de uno. Pero ten ánimo, ese proceso de mejora sobre la base del aprendizaje es parte de lo que has venido a desarrollar como ser humano en esta vida.

Ten presente que tanto en las ventas como en la vida, si quieres pescar un pez grande, -si quieres lograr una gran venta- solo tienes que ponerte a pescar diariamente con pasión, analizar como lo haces y mejorar continuamente. Solo de esta manera podrás convertir tus esfuerzos y deseos en resultados. Te deseo muchos éxitos.

www.ingramcontent.com/pod-product-compliance
Lightning Source LLC
Chambersburg PA
CBHW060015210326
41520CB00009B/896